LLM, 거대 언어 모델의 이해

AI문고

인공지능 시대입니다. 기계가 인간의 인지를 대신하고, 사물이 인간을 통하지 않고 다른 사물과 직접 커뮤니케이션합니다. 이에 따른 인간 삶과 문명 변화를 정확히 이해·예측·대응하는 것은 이 시대 우리 모두의 과제입니다. AI문고는 인공지능 기술과 환경의 여러 주제를 10가지 키워드로 정리합니다. 관련 개념과 이론, 학계와 산업계의 쟁점, 우리 일상의 변화를 다룹니다. 인간과 기술의 현재, 미래를 세심히 분석합니다.

일러두기

- 인명, 작품명, 저서명, 개념어 등은 한글과 함께 괄호 안에 해당 국가의 원어를 병기했습니다.
- 외래어 표기는 현행 어문규정의 외래어표기법을 따랐습니다. 다만 '딥러닝', '딥마인드', '딥페이크' 등은 관행을 따랐습니다.
- 본 교재는 과학기술정보통신부 및 정보통신기획평가원의 SW중심대학사업의 수행 결과로 추진되었습니다.

처음이세요?

전문가세요?

LLM, 거대 언어 모델의 이해

김동성

대한민국, 서울, 커뮤니케이션북스, 2024

LLM, 거대언어모델의 이해

지은이 김동성
펴낸이 박영률

초판 1쇄 펴낸날 2024년 8월 30일

커뮤니케이션북스(주)
출판 등록 2007년 8월 17일 제313-2007-000166호
02880 서울시 성북구 성북로 5-11
전화(02) 7474 001, 팩스(02) 736 5047
commbooks@commbooks.com
www.commbooks.com

ISBN 979-11-288-9522-7 03500

책값은 뒤표지에 표시되어 있습니다.

차례

언어 모델의 탄생과 거대 언어 모델로의 발전

언어를 처리하는 시스템에는 주로 언어학적 지식이 활용되었다. 하지만 곧 현실적 문제에 봉착하게 된다. 복잡한 언어 지식이 언어 처리에 적용되었더라도 언어의 생산성이 너무 높아서 현실 언어 데이터에 대한 완전한 설명이 어렵다. 따라서 실제 사용되는 언어 데이터인 코퍼스(Corpus)를 모아서 언어 처리에 활용하는 방식을 고안하기 시작했다. 코퍼스 데이터에서 발견되는 단어들의 순서를 살펴 이를 토대로 문장을 정의하고, 다시 의미와 언어 사용을 정의하면 데이터에 기초한 설명 방식이 된다. 이러한 모델을 언어 모델(Language Model)이라고 한다.

초창기에 언어 모델은 음성 인식과 기계 번역 시스템 등에서 많이 활용되었다. 음성 인식은 물리적 음성을 인식하고 일련의 단어들을 배열하게 되는데, 음성을 인식하는 절차를 진행하는 동안에 확률적·통계적 모델로 가능한 여러 개의 인식 후보들이 목록화된다. 이 가운데에서 가장 적절한 대상을 선정하기 위해서 미리 만들어진 언어 모델에서 측정되는 확률적 · 통계적 모델과 비교하게 된다. 자동으로 번역을 하는 기계 번역 시스템은 확률적 · 통계적 모델에 따라 번역하고자 하는 언어의 언어 모델에서 만들어진 단어들의 순서와 번역되는 언어의 언어 모델 사이에 번역 모델을 만들어 번역 모델 간에 확률적 · 통계적으로 가장 유사한 조합을 선택하여 단어를 나열하게 된다. 복잡한 방식이지만 두 가지 언어 처리 시스템은 이전 처리 방식에 비해서 효율성과 정확성이 더 높아졌다. 가장 중요한 점은 언어 모델이 현실에서 실제 사용되는 데이터를 반영하고 있다는 것이다.

그러나 언어 데이터인 코퍼스의 크기나 내용이 어떠해야 하는지는 논란거리가 되었다. 10만 개가 적당한가, 아니면 1백만 개가 적당한가, 아니면 1천만 개가 적당한지, 어느 정도가 옳다고 입증된 적은 없었지만, 모두가 수긍한 지점은 많으면 많을수록 좋다는 것이다. 따라서 될 수 있는 대로 많이 모아서 사용하기 시작했는데, 인터넷상의 데이터가 주로 활용되기 시작했다. 대화형 시스템은 대화와 연관된 데이터이고, 신문기사 번역이면 신문기사 관련된 번역 데이터였다. 물론 과거에는 데이터 안에 개인 정보가 포함되어 있어도 별로 상관이 없었고, 데이터에서 발견되는 여러 문화 · 인종 · 지역 등과 관련

한 차별적 내용도 상관이 없었다. 그러나 이후에 거대 언어 모델을 만들면서 이러한 점은 문제로 드러났다.

무조건 많이 모아진 텍스트를 대상으로 더 많은 언어 처리 지능을 만든 것이 바로 거대 언어 모델(LLM, Large Language Model)이다. 이 모델은 대화, 요약, 추론, 문장 생성 등등 언어와 연관된 작업은 물론 인공지능과 연관된 일들도 담당하기 시작했다.

단어 임베딩 모델, 그리고 딥러닝 모델과 결합

미콜로프(Mikolov et al.,2016)는 획기적으로 개선된 방식의 언어 모델인 단어 임베딩(Word Embedding)을 제시했는데, 신경망 학습 장치를 활용했다. 기존 언어 모델은 단순한 확률적 · 통계적 모델로 수학적으로 마르코프(Markov) 방식에 기초한 연쇄 확률의 합으로만 표현한 것을 적용한다. 반면에 단어 임베딩 모델은 신경망 학습 장치 구성에 따라 단어 간의 관계성을 층위(Layers)로 나누고 이 층위들을 결합한 방식이다.

이 모델에서는 입력되는 텍스트에서 발견되는 단어들이 단어 임베딩 층위로 바뀌면서 많은 문장에서 사용된 단어 간의 관계성이 집약적으로 응축되므로 단어 결합을 그대로 연산하는 확률 연산보다 더 적은 단위의 공간이 사용된다. 또 단어와 단어 사이의 관계성도 파악이 되는데, 예를 들어서 '파리'와 '프랑스'를 수도와 국가의 관계성으로 파악한다. 따라서 x와 '일본'으로 대입하면 x를 '도쿄'로 출력하게 된다. 공간의 문제와 더불어 관계성 포착이 해결되었으며 이를 적용해서 의미 파악까지 되었으니 기존 모델보다 매우 진일보한 형태다. 이 모델을 적용하면 텍스트에서 발견되는 편견 · 차별 등의 의미적 차원도 해석되기 시작한다. 이를테면 1900년대, 1920년대, 1930년대와 같이 연도에 따라서 '여성, 동양인, 흑인, 아프리카' 등등 인종, 성별, 지역이 어떻게 차별적 요소에서 덜 차별적 요소로 변화했는지 등등의 특정 의미 변천사도 파악이 된다.

에이든과 미셸(Aiden & Michel, 2015)은 확률 연산 기반의 언어 모델이 단어 빈도 자체에 근거해서 많은 것을 파악했다고 주장했다. 이에 비해서 단어 임베딩 모델은 텍스트 안에 숨겨진 의미도 파악하기 시작한 것이다(Jurafsky & Martin, 2024). 빈도를 해석하기 위해서는 분석자가 데이터와 데이터에 숨겨진 의미를 파악해야만 했으나, 단어 임베딩 모델은 빈도 해석 장치가 포함되어 있으므로 인간의 개입이 필요하지 않았다. 이러한 사실이 관찰되면서 단어 임베딩 방식을 더 확장해서 인공지능의 추론화 기능으로 발전시키고자 하는 많은 노력이 있었다.

딥러닝 기반의 신경망 기술은 단층 모델에서 다층 모델로 발전했는데, 깊어진 층위가 가지는 문제점도 적절히 해결하면서 새로운 구조를 가지게 되었다. 특히 생물체의 시각 모델에 기초한 컨볼루션(Convolution) 모델은 매우 깊은 층위를 가지고 인간의 시각적 능력보다 더 우월하게 문제를 해결하기 시작했다. 더 많은 물체에 대한 더 정확한 해석과 행동에 대한 예측이 가능하다는 것도 발견되었다. 이에 고무되어서 언어와 연관된 방식에서도 딥러닝을 적용한 모델들이 진일보하기 시작했다. 언어는 일종의 시계열(Time Series) 데이터다. 동일한 단어들이 일정하거나 일정하지 않은 주기로 반복해서 등장한다. 이러한 방식의 데이터를 처리하기 위해서 고안된 것이 바로 순환 신경망(Recurrent Neural Network)이다. 그러나 이 신경망 방식은 실제 사용 시 잘 예측하지 못하거나 아니면 아예 예측하지 못하는 문제점이 발견되었다. 이러한 측면에서 엄청난 숫자의 언어 데이터는 일종의 기억 소자와 같이 잘 기억되어야 할 것과 바로 잊혀야 할 것으로 구분되어야 한다는 주장이 제기되었다. 바로 장기 기억(Long-term Memory)과 단기 기억(Short-term Memory)으로 나뉘어 자주 나오는 요소는 중요한 것으로 기억되고, 덜 나오는 것은 덜 중요한 것으로 망각되게 처리한다. 이러한 방식을 LSTM(Long Short Term Memory)이라고 한다.

언어는 특정한 단어를 중심으로 맥락(Context)을 구성하는데 맥락은 주변 어휘들로 구성이 된다. 맥락을 해석하는 것이 무엇보다 질문-답변 등의 추론화 작업에서 주요한 역할을 하게 되며 딥러닝에서 이러한 맥락을 해석하는 장치를 어텐션(Attention)이라고 한다. 어텐션은 단어의 키(Key), 값(Value), 질의(Query)라고 불리는 세 가지 요소로 결정된다. 즉 개별 단어와 다른 모든 어휘 그리고 어휘들 대 어휘들 간의 상관성 값의 차이를 측정하는 것이다. 또한 이러한 어텐션 여러 개를 합쳐서 하나의 단위로 만들어서 전체 맥락을 총체적으로 이해하게 된다. 이러한 추론 장치에는 특정 값을 지우거나 경계를 나타내는 장치도 둬서 좌우 방향성에 상관없는 해석이 가능하게 했다.

단어 임베딩 모델은 그냥 단어를 감싸는 단위만을 계산하는 모델이다. 이 모델을 확장하면 맥락이 해석되고 해석된 맥락을 대상으로 전체 구조에 대한 이해가 가능해진다. 어휘의 차원을 1억, 10억, 1조 개로 늘려서 계산하기 시작했다. 이런 수준에 도달하니 드디어 어휘 차원이 아닌 모든 대상들의 개념적 이해가 가능해졌다. 이러한 해석 공간에는 수학 계산, 프로그래밍 코드, 그래프 등 무작위적인 모든 대상물이 포함되어서 말 그대로 사고 대상이 되는 모든 것이 되었다. 드디어 거대 언어 모델이 지능을 갖게 되었다.

언어, 이미지, 영상의 생성

초기 거대 언어 모델은 언어만을 이해하는 모델이었다. 언어 처리만을 대상으로 하는 모델로 음성 인식, 기계 번역 등의 제한된 수준에서만 활용이 되었다. 그 이후에 우리는 다른 형식의 딥러닝 모델을 개발하기 시작했다. 시각적인 부분을 담당하는 컨볼루션 모델도 만들고, 음악이나 주식 등의 시계열 데이터도 해석했다. 그 이후에 두 가지 다른 모델을 결합하기 시작했다. 먼저 이미지, 영상을 이해하는 모델인 컨볼루션 모델과 언어 처리 모델을 결합했다. 초기 모델은 매우 제한된 수준이었다. 인터넷에는 사진과 사진의 내용을 설명하는 캡션(Caption)이 많이 존재한다. 컨볼루션을 활용해서 사진을 이해하고 순환 모델을 써서 캡션 내용을 이해하고 이미지 이해와 캡션 내용을 결합한다. 그러면 사진이 아니라 이제 언어로 이미지를 이해하는 모델이 만들어진다. 바꾸어서 말하면 언어를 통해 만들어진 텍스트가 이미지를 만들게 된 것이다.

물론 이미지를 생성하는 형식은 다르다. 여러 개의 이미지를 토대로 하나의 이미지를 만드는 방식은 생성적 적대 네트워크(Generative Adversarial Network)라고 한다. 이 방식은 진짜 같은 가짜를 생성하는 방식으로, 진짜와 가짜가 구별되기 어려운 시점까지 딥러닝을 활용해서 학습시키는 방식이다. 이미지나 동영상 등을 만드는 이 기술을 거대 언어 모델과 결합해 우리는 드디어 진짜에 가까운 이미지, 영상도 만들 수 있게 되었다.

인공지능

거대 언어 모델은 인간과 대화가 가능한 모델이다. 대화는 화자의 발화와 상대방의 반응으로 구성되며, 1대 1 이상의 관계성으로 주고받는 모델이다. 대화형 모델이 거대 언어 모델과 결합하기 위해서 강화학습(Reinforcement Learning) 방식이 도입되었다. 이것은 스스로 반응하는 에이전트(Agent)를 만들기 위한 방식으로 행동을 결정하고 제약하기 위한 정책(Policy)과 보상(Reward)으로 구성된 신경망 형태다. 거대 언어 모델이 지금처럼 자유롭게 인간과 대화를 나눌 수 있게 하기 위해 학습 단계에서 인간 피드백을 통한 강화학습(Reinforcement Learning from Human Feedback)이 도입되었다. 인간이 기계에 특정 피드백을 주어서 나온 데이터를 다시 기계에 학습시키고 인간의 정답에 더 근접하게 설정해서 기계가 마치 인간의 언어를 이해하는 것 같은 시뮬레이션(Simulation)을 만들게 한다.

역설적으로 말하면 거대 언어 모델은 사실 허상이다. 인간의 언어를 이해하는 듯하지만 사실 실시간 모델은 아니다. 미리 만들어진 모델로 단순히 말하면 다음에 나올 단어만을 예측하는 형식이다. 즉 미리 만들어진 모델인 과거의 모델로 현재를 분석하고 미래를 예측한다. 이 방법이 과연 인공지능이라고 할 수 있을까 하는 질문에 부딪칠 수도 있다. 그러나 문제를 넓게 보면 뇌의 작용에서 언어를 이해하는 것이 말 그대로 다음 단어를 예측하는 것과 동일하므로 전체 뇌가 작용하는 과정을 시뮬레이션하는 것이 거대 언어 모델이라면 우리는 이것을 인공지능이라고 할 수 있지 않을까? 물론 딥러닝 분야의 거장인 뉴욕대 얀 르쿵(Yann LeCun) 교수는 거대 언어 모델이 인간을 대체하는 일반 인공지능인 AGI(Artificial General Intelligence)라고 불리는 것을 한사코 반대하며 새로운 실시간 처리 모델을 만들 것을 주장하고 있다.

그러나 현재 우리는 인공지능이라는 관점에서 거대 언어 모델을 탐구해야만 할 충분한 필요성이 생겼다. 지난 1~2년 동안 오픈(Open)AI사에서 내놓은 챗GPT의 놀라운 능력을 경험할 수 있었다. 거대 언어 모델은 어떻게 움직이는지, 과연 인간을 대체할 수 있는 인공적 인지 체계의 탄생이 가능한지, 그리고 우리 일상의 변화는 어떤 것인지, 이것의 문제점은 무엇인지, 그리고 왜 심각한지도 찾아보아야 한다. 또한 우리의 세계는 어떻게 변화할 것이며 현재 가장 문제되는 부분은 무엇인가 그리고 앞으로 어떤 발전적 모습을 보일 것인가 등등 여러 측면에서 논의를 해 보아야 한다.

이 책의 구성

이 책은 독자들에게 거대 언어 모델에 대한 지식과 더불어 인공지능에 대한 깊은 이해를 제공하는 데 목적이 있다. 따라서 폭넓은 주제로 여러 소절을 구성했다. 서문과 1장은 기본적인 거대 언어 모델에 대한 이해를 다룬다. 2장은 거대 언어 모델이 어떻게 작동하는지를 주요 내용으로 프롬프트 엔지니어링을 다룬다. 3장에서 거대 언어 모델이 인간의 인지 모델과 어떠한 차이점이 있는지, 그리고 어떠한 창발적 모습이 발견되는지 논의할 것이다. 4장은 우리 일상의 변화가 어떻게 지속되고 있는지에 대한 논의다. 5장은 본격적인 인공지능의 모습으로서 거대 언어 모델이 대두되고 있는데, 과연 일반 인공지능으로서 가능한지 아닌지에 대한 부분이다. 6~7장은 거대 언어 모델의 문제점인 편향성, 이기심, 인간 적대적 위험들, 그리고 환영을 다루게 될 것이다. 8장에서는 하나의 세계관으로 거대 언어 모델이 법, 윤리에 어떻게 영향을 미치고 있는지를 논의할 것이다. 9~10장은 현재의 기술적 문제점인 전기 소모량과 이를 극복하기 위해 저전압 반도체, 그리고 미래 양자 컴퓨팅을 통한 실시간 처리가 가능한지에 대한 논의다.

참고문헌

Aiden, E. & Michel, J.(2013). *Uncharted: Big Data as a Lens on Human Culture*. Penguin. 김재중 옮김(2015). 『빅데이터 인문학, 진격의 서막』. 사계절.

Jurafsky, D. & Martin, J.(2024). *Speech and Language Processing*. Prentice Hall.

Mikolov, T. et al.(2016). Efficient estimation of word representations in vector space. arXiv:1301.3781.

Vaswani, A. et al.(2017). Attention is all you need. arXiv:1706.03762.

01
언어, 이미지, 영상을 생성하는 거대 언어 모델

거대 언어 모델은 현재 인공지능의 최대 관심사이며, 일반 인공지능의 완성으로 거론된다. 그렇다면 거대 언어 모델이 예측하는 것이 무엇이고 인공지능에서 어떻게 활용되는지를 살펴보아야 할 것이다. 언어를 통한 지능 구현이 인공지능의 완성이라는 점도 고려되어야 한다. 또한 어떠한 문제점이 현재 발견되고 있는지를 통해서 앞으로 어떻게 발전될지도 알게 될 것이다.

AI와 1인 창업?

생성 모델

2022년 오픈(Open)AI는 인간과 대화가 가능한 거대 언어 모델 챗GPT를 만들어서 공개했다. 또 언어를 입력하면 이미지를 그려 내는 달리(DALL · E) 시스템과 동영상을 언어로 생성하는 소라(Sora)라는 시스템도 공개했다. 이러한 일련의 내용은 인공지능 업계뿐만이 아니라 세계의 모든 사람들을 흥분시키기에 충분했다. 이제 인공지능이 진정한 지능을 가진 것으로 보이기 시작했다.

인공지능이라는 용어는 1956년 미국의 다트머스 학회에서 만들어진 이름이다. 영어로는 Artificial Intelligence로 인간의 지능을 닮은 기계를 만들고 싶은 인간의 욕구를 표현한 것이다. 인공지능이 완벽한지 아닌지 검사하기 위해서 튜링은 본인의 이름을 따 튜링 테스트를 고안했다. 이 테스트에서는 기계가 인간이 아니라고 우기면서 인간과 대화를 하는데, 인간은 보지 않는 상태에서 기계인지 사람인지 맞혀야 한다. 인간이 기계를 인간이라고 판단하면 튜링 테스트를 통과한다고 생각했다. 2014년 유진 구스트만(Eugene Goostman)이라는 챗봇은 튜링 테스트를 통과했으며, 이후로 인간과 대화가 가능한 인공지능은 엄청나게 발전하게 된다. 딥러닝 모델 중에서 컨볼루션 신경망은 인간의 시각 능력보다 훨씬 우월하게 발전했다. 물체를 인식하는 수준을 넘어서 동작하는 것을 감지하고 물체의 영역도 표시할 수 있다. 아직은 완전하지 않지만 움직이는 차 안에서 창밖으로 설치된 카메라를 통해서 찍은 화면 안에서 어떤 부분이 길이고 어떤 부분이 도로이며, 자동차가 어떤 방향으로 나아가야 할지 스스로 판단하는 기능도 갖추기 시작했으며 이에 따라 사람들은 완전한 자율주행 자동차도 꿈꾸기 시작했다.

인공지능은 스스로 대상물을 이해하고 판단하는 능력과 더불어 어떤 동작을 해야 할지 결정하는 능력도 선보이고 있다. 오픈AI의 인공지능을 탑재한 휴머노이드 로봇을 제작한 피규어AI는 인간과 소통하고 판단하며 행동하는 수준에 이르렀다. 먼저 로봇에게 무엇이 보이냐고 물으면 로봇은 시각적 판단을 통해서 A, B, C, …라는 대상물들을 파악한다. 그리고 '뭐 좀 먹을 수 있을까?'라는 인간의 질문에 로봇은 A를 먹는 것으로 판단하고 인간에게 건네게 된다. 여기서 정말 소름이 돋는 것은 로봇의 판단하는 능력이다. 특히 여기서 인간의 말은 정확하게 명령을 수행하라는 것이 아니라 단지 의사를 전달한 형태이며 간접적인 명령이다. 명확한 명령이라면 "먹을 것을 가져와"라고 말을 해야 하지만 단지 '뭐 좀 먹을 수 있을까?'라는 질문은 명령이 아니다. 이것은 영어 표현으로 'Can you pass me the salt?(소금 좀 건네줄래요?)'라는 질문의 형태를 띤 명령보다도 명령으로서의 강도가 더 낮다. 그런데 로봇은 이 말의 의도를 이해하고 있다. 판단하기 위한 논리적인 사고가 우선 작동한 것이다. 먹을 것들을 구분하고, 지금 인간의 말이 완곡한 명령을 표현하고자 하는 것인지 이해하고 있다는 것이다. 이는 인간 간의 대화 · 행동의 모델과 매우 유사하다.

거대 언어 모델

좀 더 간략하게 거대 언어 모델이 무엇인지 살펴보자. 거대 언어 모델은 대량의 텍스트 데이터를 학습하고 만들어진 인공지능을 구현하는 모델을 말한다. 이 모델은 언어 처리와 연관된 여러 작업, 텍스트 생성, 텍스트 분류, 다른 언어 간의 자동 번역, 질문-응답, 감정 분석 등을 처리한다. 일반적으로 수백만에서 수천만, 또는 수억 개에 이르는 단어를 학습하였기 때문에 매우 다양하고 복잡한 언어 구조를 이해하게 되어 있다. 하지만 미리 학습된 것으로 실시간 처리 모델은 아니다. 현재 여러 상업적 응용 프로그램에서 사용되고 있으며, 챗봇, 검색엔진, 추천, 질의-응답, 이미지 생성, 영상 생성 등등 고도의 전문성이 요구되는 작업에도 활용되고 있다. 그러나 실질적으로 완전한 인간을 대체하기에는 아직 부족한데, 잘못된 정보 생성, 편향성, 이해 부족 등등의 문제점이 발견되기 때문이다.

기본적인 거대 언어 모델의 학습과 작동 원리는 무엇인가? 아래 문장을 보자.

The cat is ○ ○ ○ the mat

위 문장에서 ○○○ 자리에 무엇이 들어갈 것인지에 대해서 영어 화자는 'on'이라고 쉽게 예측한다. 영어를 잘 모르는 외국인 화자나 언어처리 프로그램은 많은 자료나 외국어 학습이 필요할 수 있다. 거대 언어 모델은 이와 같이 어떤 단어가 문장의 어디에 위치할지를 예측하는 것이다. 쉬운 작업이라고 생각할 수도 있지만 언어에는 좀 더 복잡한 경우가 많이 있다. 아래 문장을 고려해 보자.

Who did you help who to make what?

밑줄 친 wh-어구들을 어떻게 해석해야 할지 고민이

될 것이다. 맨 앞에 있는 who는 누구를 말함이고, 중간에 위치한 who는 누구를 말하며 마지막 what은 무엇을 말하는지 정확히 이해가 가능한가? 이를 이해하는 것은 영어에 대한 직관이 있는 영어 화자나 또는 영어 화자 직관에 근접한 화자(Near-native) 또는 영어를 오랫동안 학습한 화자의 경우에 가능할 것이다. 거대 언어 모델은 이러한 복잡한 문장에서 wh-어구들에 대한 해석이 가능하다.

현재 개발된 거대 언어 모델은 트랜스포머(Transformer) 기반의 모델인 GPT(Generative Pretrained Transformer) 모델이 주류를 이루는데, 크게 다음과 같은 특징을 갖고 있다. 하나의 학습된 모델을 튜닝(Tuning)해서 매우 다양한 작업에 범용으로 사용 가능하다. 예를 들어서 언어 처리에는 여러 개의 하위 분야가 있다. 문장 생성, 언어 간 번역, 문서 요약, 질의-응답 등 여러 작업이 있는데, 이러한 여러 작업에 범용으로 사용할 수 있게 튜닝이 가능하다. 일반적으로 비교적 적은 모델 데이터를 가지고도 여러 다른 막대한 작업 데이터에 적용해서 높은 성능을 발휘할 수 있는 효율성이 있다. 이러한 언어 모델들은 자연어 처리 분야뿐만이 아니라 이미지 인식 및 생성, 음성 인식, 추천 시스템, 영상 생성 시스템 등등 여러 다양한 응용 분야로 확대 사용이 가능하다. 또 추가하고 싶은 처리 분야가 있으면 거대하게 만들어진 언어 모델에 해당 분야의 데이터를 추가해서 학습 전이(Transfer of Learning)도 시킬 수 있다.

현재 언어 모델 분야에서 최고 강자는 오픈AI의 GPT-3, GPT-4 모델이다. 후발 주자는 아니지만 메타(Meta)의 라마(llama) 모델도 있고, 구글의 팜(PaLM) 모델도 있다. 모든 모델들은 기본적으로 인간 피드백을 통한 강화학습 방식으로 학습되었다. 이 방식은 특정 대화나 질의에 대한 인간의 피드백을 가장 잘 이해하게 학습이 되었기 때문에 인간의 대화를 이해하는 능력이 있다. 또 이전에 기술한 학습 전이를 통해서 새로운 작업에 대한 미세조정(Fine-Tuning)이 가능해서 광범위하게 모델을 변형할 수 있다. 언어를 통한 문제 해결 과제가 광범위하게 많은데 모든 과제에 맞게 새로운 모델을 만들지 않고, 미세한 조정 작업을 통해 모델을 튜닝하는 방식으로 인공지능을 적용한 범용 작업에 활용이 가능하다.

가장 많이 알려진 위험성은 편향과 환영이다. 편향은 학습 데이터 안에 내재된 사회적이고 문화적인 편향을 표출하는 문제점이다. 성별, 인종, 지역에 대한 편견이 특정 시기에 따라 다르게 편재될 가능성이 있다. 예를 들어서 1920~1940년대 흑인 차별에 대한 텍스트를 다량으로 학습했다면 흑인에 대한 차별을 가진 모델이 될 가능성이 높다. 또한 사용자가 원하는 선입견을 입력하면 이를 그대로 적용해서 추론해 내는 경향도 있으며, 특정 집단이나 개념에 대한 극단적 편향 정보를 생성하거나 전달하는 경우도 있다. 환영의 경우는 매우 복잡한데, 잘못된 정보를 획득한 경우, 잘못된 추론에 빠진 경우, 왜곡된 데이터를 학습한 경우 등등 여러 가지에서 기인한다. 이러한 오류투성이 모델은 위험성이 크기 때문에 이 점은 필히 극복되어야 한다.

거대 언어 모델을 만들기 위해서는 대용량의 텍스트 데이터와 엄청난 연산의 처리가 가능한 병렬로 연결된 여러 대의 고성능 컴퓨터와 이 컴퓨터들에 부착된 부가 병렬 처리 장치가 요구된다. 따라서 전기 사용량도 엄청나서 전기가 좀 더 적게 드는 방식이 현재 요구된다. 이에 저전압으로 컴퓨팅이 가능한 반도체의 개발이 시급하게 요구된다. 거기에 더해서 실시간 처리에 대한 문제점을 해결할 수 있는 방식도 요구된다. 현재는 꿈의 컴퓨팅 장비인 양자 컴퓨터를 활용한 양자 컴퓨팅 프로그래밍도 필요하다.

참고문헌

Jurafsky, D. & Martin, J.(2024). *Speech and Language Processing.* Prentice Hall.

Ozdemir, S.(2023). *Quick Start Guide to Large Language Models: Strategies and Best Practices for Using ChatGPT and Other LLMs.* Addison-Wesley Professional. 신병훈 옮김(2024). 『실전 LLM』. 한빛미디어.

02
거대 언어 모델과 프롬프트 엔지니어링

거대 언어 모델은 어떠한 대화를 연결하는지에 따라 다른 결과물을 얻게 된다. 정렬에 의해서 만들어진 모델이기 때문에 어떠한 프롬프트가 주어지는지에 따라 다른 결과가 생성된다. 거대 언어 모델을 더 잘 활용하기 위해서는 더 좋은 프롬프트를 엔지니어링해야 한다는 믿음도 커지게 된 것이다.

인간과 유사성이 높은 텍스트 생성

앞서 말한 바와 같이 거대 언어 모델에는 인간 피드백을 통한 강화학습 방식이 적용되었다. 이 방식은 학습 단계에서 인간 테스트 대상자들에게 특정한 프롬프트를 선별하게 하거나 아니면 특정 답변을 생성하게 하거나 아니면 응답-답변 쌍 중 좋은 것들을 선택하게 한다. 이를 토대로 좋은 품질의 데이터 집합을 만들어서 인간 질문에 대한 기계 답변과의 정렬(Alignment) 문제를 학습 데이터로 활용하게 한다.

거대 언어 모델은 기계학습인 강화학습을 사용해서 보상 모델과 정책 모델을 만든다. 이를 적용해서 언어에 대한 예측 및 생성 기능과 더불어 인간과 가장 유사하게 언어를 생성하는 능력을 지니게 되었다. 다시 말하면 거대 언어 모델은 인간과 인간 간의 대화하는 능력을 유사하게 모방하는 능력을 갖추고 있다. 즉 A와 B 두 명이 대화하는 것은 A의 언어 능력과 B의 언어 능력을 정렬하는 것으로 서로 다른 인간들의 언어 능력들 간의 집합 쌍들의 정렬로 해석한다. 따라서 기본적으로 사람들 간의 대화 정렬 방법론을 선택하였다.

반대로 말하면 어떠한 대화를 거대 언어 모델에 연결하는지에 따라 우리는 다른 결과물을 얻게 된다. 정렬에 의해서 만들어진 모델이기 때문에 어떠한 프롬프트가 주어지는지에 따라 다른 결과가 생성되는 것이다. 이러한 연유로 더 좋은 프롬프트가 더 좋은 결과를 만든다는 의견이 팽배해졌다. 따라서 거대 언어 모델을 더 잘 활용하기 위해서는 더 좋은 프롬프트를 엔지니어링해야 한다는 믿음도 커지게 된 것이다.

학습 방식

기계학습 방식에서 학습은 주어진 데이터에 따라서 입력되는 대상들을 분류하거나 특정 대상의 다음 출력치를 예측하는 것이다. 따라서 어떠한 데이터에 의해서 어떠한 방식으로 학습되는가에 따라서 더 좋은 분류나 예측이 가능하다. 먼저 사진 여러 장을 통해서 호랑이를 학습하고 주어지는 사진이 호랑이인지 아닌지 판별하는 문제를 해결한다고 가정해 보자. 모델 학습에 주어진 것은 여러 장의 호랑이 사진이며, 이러한 학습 모델은 여러 장의 사진들 간의 유사성을 찾아가는 문제일 것이다. 따라서 동일한 호랑이 사진에서 유사성을 추출하는 것이 바로 모델의 학습이 될 것이다. 조금 다르게 호랑이 사진과 고양이 사진 여러 장을 주고 주어지는 사진이 호랑이인지 고양이인지를 판별한다고 가정해 보자. 이러한 경우에 판별하는 작업은 주어진 사진에서 호랑이의 모델과 고양이의 모델을 각각 만들고 호랑이 모델이 고양이 모델과 어떠한 차이점이 있는지를 구분하는 작업이 될 것이다.

조금 더 어려운 경우를 고려해 보자. 이번에는 호랑이와 고양이만을 구분하는 모델을 만들고 갑자기 개 사진을 주면서 개를 구분하게 한다. 이 경우에 개는 호랑이도 고양이도 아닌 동물이며, 고양이보다 크고 호랑이보다 작다고 하는 등 여러 특징을 설명해 주면 주어진 모델은 개라는 모델을 구분할 수도 있다. 이와 같이 여러 학습 방식에 따른 여러 다른 학습 전략을 통해서 학습을 실행하는 방식에는 크게 원샷(one-shot), 제로샷(zero-shot), 퓨샷(few-shot) 등이 있다. 먼저 제로샷은 말 그대로 제로(zero)로 아무것도 알려 주지 않는 상황에서 특정 대상을 구분하거나 예측하게 하는 경우를 말한다. 원샷은 하나의 대상만을 학습하고 동일한 대상을 판별하는 경우에 약간의 데이터가 주어진 경우를 말한다. 퓨샷은 여러 대상들을 학습시키고 이를 토대로 더 많은 대상을 분류하는 경우를 말한다.

프롬프트 엔지니어링에서 원샷, 제로샷, 퓨샷의 예들을 살펴보자. 한국어를 영어로 번역하는 문제를 생각해 보자. 먼저 다음의 경우가 있다.

"해달 = sea otter, 수달 = otter, 기린 = giraffe, 사자 = lion
표범 = ??"

Few-shot으로 여러 연관된 데이터를 미리 주고 그 데이터를 통해서 새로운 작업을 부여하는 방식이다. 이 방식이 가장 좋은 답변을 이끌어 낸다고 한다. 앞서 논의한 바와 같이 여러 데이터를 학습했고 정렬 방식으로 인간의 대화 방식에 대한 정답을 학습하였기 때문에 정답 데이터를 많이 줄수록 더 정확하게 다음 답변을 예측하게 구성되기 때문이다.

"해달 = sea otter
표범 = ??"

위와 같은 방식을 원샷이라고 한다. 정답 데이터를 조금만 주고 이에 의해서 정렬시키는 방식으로 정답률이 퓨샷보다는 떨어진다. 그러나 마지막 제로샷은 데이터를 거의 주지 않기 때문에 정답률이 현저히 낮다.

"표범을 영어로 번역하면?"

거대 언어 모델은 확률 · 통계 방식으로 만들어진 모델로 더 좋은 프롬프트 방식은 존재하지 않는다. 논리적이며 순차적 방식이 아니기 때문에 어떠한 방식이나 절차가 더 좋은 결과를 담보하지는 않는다. 특히 마르코프(Markov) 연쇄에 의한 확률적 경험이기 때문에 어떠한 확률적 연쇄가 발생하고 또한 그 안에 어떠한 상태들이 숨겨져 있는지를 세밀히 파악하기는 어렵다. 그러나 일단 정확한 내용에 기반을 둔 프롬프트를 더 길게 주어서 정답을 이끌어 내는 방식이 더 정확도가 높은 것으로 알려져 있다.

또 다른 성능을 향상하는 방식의 프롬프트 엔지니어링 방식은 사고의 사슬(chain-of-thought)이다. 한 번에 정답을 이끌어 내지 말고 여러 단계에 걸쳐서 정답을 이끌어 내는 방식이다. 간단히 설명하면 문제에 대한 해답을 직접 요구하지 않고 문제를 제시하고 답변을 하면 문제에 대한 해결책을 제시하고 답변을 얻어 내는 방식이다. 이와 같은 방식은 거대 언어 모델의 특성을 십분 활용한 것이다. 먼저 거대 언어 모델은 자기 회귀(auto-regressive) 방식으로 만들어졌으며, 스스로를 참조하는 메타 학습 방식에 기초한다. 따라서 똑같은 질문의 유형이지만 반복적으로 심화해서 질문하면 더 좋은 답변을 하게 된다. 또한 이전 단어를 기반으로 다음 단어를 예측하기 때문에 반복된 유형일수록 앞선 정보를 더 잘 활용하게 된다.

활용 원리

거대 언어 모델을 잘 활용하는 가장 기본적인 방법은 오픈AI 웹사이트에 잘 나와 있다. 첫 번째는 바로 질문자가 초보가 아니라 전문가로 접근을 해야 한다. 모델은 사용자에게 반응하게 되는데, 초보자에게는 초보자 같은 답변을 전문가에게는 전문가 같은 답변을 한다(김동성, 2023).

가장 간단한 예를 들어 보자. 살을 빼려고 하는데, 다이어트 방법을 알려 달라고 하면 아주 간단하면서도 일반적인 방식만을 알려 준다. 반대로 내가 전문가적인 질문을 하면 전문가적인 답변을 한다. 살을 빼고 싶은데 일반적인 방법을 모두 알고 있고, 팔 부위의 살을 빼려고 하는 것처럼 전문가적인 질문을 한다. 또 선물 리스트를 물어보는데, 누구에게 무슨 용도의 선물을 하는지를 명확히 하고 답변 방식도 '나열식으로 해라'처럼 구체적으로 지시를 하면 더 자세한 내용을 알려 주게 된다.

특정 지식들을 더 입력하면 원하는 형태의 답변을 더 잘 얻어 낼 수 있다. 그래프나 표를 주는 것도 좋은 방식이다. 즉 상황별 정보 또는 배경 지식을 포함하는 것도 필수적이다. 그리고 특정 프롬프트 스타일을 주는 것도 좋다. 이를테면 "단계적으로 생각해 보았을 때…"나 "당신은 이 작업이나 이 분야의 전문가라고 생각한다면…"과 같은 말을 붙여서 사용하면 스스로를 전문가처럼 생각한다.

복잡한 작업의 경우에는 여러 하위 작업으로 나누어서 처리한다. 번호를 주면 더 좋다. 예를 들어서 1, 2, 3,…과 같이 순차적으로 명기하는 것도 좋다. 여러 가지 작업을 할 경우에는 더 신중하게 설계해야 한다. 다시 말하면 프롬프트를 신중하게 설계하면 할수록 답변 성능도 개선된다.

수학적 추론 작업의 경우 프로그래밍 언어 형식에 따라 특정 프롬프트를 디자인하는 것이 더 효과적이다. 지식 활용 및 복잡한 추론 작업에서도 적절한 프롬프트를 활용한 방식이 더 좋거나 더 효과적이다. 모델에 따라 다르지만 미세한 튜닝 작업도 가능하다. 이를테면 프롬프트 결과에 대한 부분과 이것에 대한 평가나 판정도 포함하면 성능이 더 나아진다. 그리고 입력되는 프롬프트를 구역별로 나누어서 처리하는 것도 더 효율적이다.

문제점

챗GPT 사용은 보안 문제를 유발할 수 있다. 현재 내가 쓰고 있는 모델로 내가 쓰고 있는 데이터들이 이전될 수 있다는 것이다. 오픈AI는 챗GPT 모델 성능을 향상하기 위해서 사용자들의 데이터를 활용할 수도 있다. 이러한 경우에 현재 회사나 나의 데이터가 오픈AI 서버에 저장될 수도 있다는 것이다. 이러한 경우에 데이터 보안이나 관련 문제들이 발생할 수도 있다. 스캐터랩의 이루다 사건에서와 같이 나의 개인 정보는 딥러닝 시스템에서 은연중에 활용될 가능성이 높다.

정보에 대한 신뢰성이 떨어지는 문제점도 발견이 되는데, 이로 인해 환영이나 엉뚱한 답을 진실로 믿게 되는 문제가 생긴다. 무엇보다도 모델의 일관성이 떨어지는 경우에는 사용하기 어렵다는 결론에 도달한다. 이 부분은 현재에도 많은 사람들이 노력을 기울이고 있는 중이다.

거대 언어 모델은 언어 처리 시스템에 대한 이해가 없어도 쉽게 이용할 수 있다는 장점이 있다. 이전에 자연어 처리 전문가에 의존하던 것을 이제는 자연어 처리 전문가의 도움이 없이도 해결이 가능하다는 것이다. 그러나 문제의 핵심은 거대 언어 모델은 아직 완성된 모델이 아니라는 것이다. 현재 계속 발전 중인 모델이기 때문에 앞으로도 자연어 처리에 대한 많은 노력이 요구된다.

참고문헌

김동성(2023). 『챗GPT 프롬프트 엔지니어링』. 커뮤니케이션북스.
Han, X. et al.(2021). Pre-trained models. arXiv:2106.07139.
Liu, P. et al.(2021). Pre-train, prompt, and predict. arXiv:2107.13586.
Wei, J. et al.(2023). Chain-of-thought prompting elicits reasoning in large language models. NeurIPS 2022.

03
창발적 지능의 인지 체계 탄생

거대 언어 모델이 어떻게 인지 모델을 대체하는 것이 가능해지는가? 바로 여러 개의 특정 문제 영역들을 하나의 모델을 통해서 해결할 수 있게 되었다는 것이 핵심이다. 의미에 대한 분석과 더불어 이를 확장하면 상황이나 맥락에 대한 분석과 이를 기초로 한 판단도 가능해진다. 이러한 점이 바로 거대 언어 모델의 기초다. 앞으로 거대 언어 모델은 향후 스스로 움직이고 판단하는 자동 유기체적 시스템으로 발전 가능하다.

AI와 난임 극복?

인지 체계, 거대 언어 모델

인지 체계는 외부 자극에 의해서 판별되는 대상물을 인지하는 과정으로 인지 심리학 분야에서는 이러한 인지 체계를 대상으로 사고와 정보 처리 과정을 탐구하게 된다. 인지에 대한 연구는 뇌 · 신경학적이나 심리적 측면에서 어떠한 메커니즘으로 처리되는지로 확장된다. 두뇌 작용이 생물체의 동작 원리를 결정한다는 마음 이론(Theory of Mind)에 기초하는 것이 초기 접근법이라면 현재는 생물체의 뇌 · 인지 작용에 몰입된 환경에서 벗어나 컴퓨터와 같이 무생물체의 여러 처리 단위 요소들의 결합을 통한 메커니즘이나 주변 환경과 상호작용을 통한 유기적 체계의 발전이라는 분산 처리 방식도 받아들여지고 있다. 따라서 인지 체계에 대한 논의나 이론적 체계는 매우 복잡하다고 할 수 있으며, 과연 거대 언어 모델이 이러한 인간 인지 체계를 온전히 대체 가능한가는 사실 거대한 의문점이다.

만약 거대 언어 모델이 복잡한 인간의 인지 체계를 대체하는 것이 가능하다면 우리는 새로운 명제에 직면한다. 이는 스스로 움직이고 판단하는 자율(Autonomous) 유기체적 시스템이 완성되었다고도 할 수 있다. 로봇은 배터리를 통해서 전기를 공급받지만 스스로 판단하는 능력은 제한적이다. 이러한 로봇에 드디어 스스로 판단하는 능력을 가진 거대 언어 모델을 장착해서 로봇과 외부의 무기체나 유기체들의 상호작용이 가능해진다고 상상해 보자. 로봇이라는 거대한 기계가 스스로 행동하고, 판단하며, 생존하는 것도 가능할 것이다. 더군다나 현재 거대 언어 모델은 창작도 가능하다. 그림을 그리고, 시를 쓰고, 소설을 쓰고, 프로그램 코드를 작성하고, 영상을 만들기까지 한다. 이러한 거대한 능력들이 가능해진다면 인간이 모든 대상물보다 더 지능이 높은 시대에서 이제 인간이 만든 인공지능이 인간을 앞서는 특이점(Singularity) 시대가 도래할 것이다. 인간이 모든 것을 만들던 시대에서 인간이 만든 인공지능이 모든 것을 만드는 시대로 변하게 되는 것은 아닌가 하는 우려심도 든다.

추론의 체계적 완성

언어의 기본적 기능은 의사소통이다. 이것이 충족되면 모든 것들을 추상적으로 바꾸어서 개념화하게 되고 이를 활용해서 추론이 가능해진다. 이러한 관점에서 언어를 통한 사고의 완성이 가능해지는 것이다. 추상화는 대상물을 분류하는 작업에서 출발한다. 즉 진돗개, 푸들,

리트리버, 치와와, 삽살개 등등 모든 개를 관찰하고 이 모든 것들을 개라는 하나의 추상적 개념으로 만들어야 한다. 세상의 여러 종류의 개 사이에 존재하는 공통점을 외형적 모습에서 찾기는 쉽지 않다. 일단 추상화가 완성되면 개념적으로 개라는 대상을 인지하고, 이 개념화된 대상물을 대상으로 추론적 작업이 가능하다. '개는 애완동물로 인간의 친구다'와 같은 명제가 성립 가능해진다.

웡(Wong et al., 2023)은 거대 언어 모델을 대상으로 여러 단계의 추론인 확률적 추론, 관계에 대한 추론, 지각적 · 물리적 추론, 사회적 추론을 연구했다. 확률적 추론은 단순한 사실이나 나열들을 확률적으로 감지하는 것으로 예를 들어서 '현재 빨간색 옷이 몇 개, 파란색 옷이 몇 개'와 같이 개체에 대해 구분하는 것을 의미한다. 관계에 대한 추론은 '무엇이 무엇보다 크다, 작다, 같다'와 같이 비교가 가능한 수준의 판단이다. 지각적 · 물리적 추론은 시각적 이미지를 통한 판단에서 몇 개의 어떤 대상물이 어디에 어떻게 있는지를 판별하는 작업이다. 사회적 추론 작업은 행동에 대한 계획을 세우고 평가하는 등 꽤 높은 수준의 자율지능을 의미한다. 이러한 연구에서 거대 언어 모델은 적정한 수준의 추론이 가능했다.

슈라모프스키 등의 연구(Schramowski et al., 2021)

에서는 거대 언어 모델이 윤리적 차원을 이해하는지를 평가했다. 연구에 따르면 거대 언어 모델은 양극적 영역들, 즉 (+)와 (-) 극성에 대한 판단이 가능했으며 특정 사실에 대한 도덕적 판단도 낮은 수준에서 가능했다. 결과적으로 거대 언어 모델의 추론이 인간의 추론과 유사하며, 인공지능의 인지 체계의 완성도 눈앞에 왔다는 것을 보여 준다.

인지 모델링

그렇다면 거대 언어 모델이 어떻게 인지 모델을 대체하는 것이 가능해지는가? 바로 여러 개의 특정 문제 영역들을 하나의 모델을 통해서 해결할 수 있게 되었다는 것이 핵심이다. 수학 문제를 푸는 것, 프로그래밍을 하는 것, 질의-응답을 하는 것, 그림을 그리는 것, 영상을 만드는 것은 서로 다른 문제 영역들이다. 다중 지능을 주장한 가드너(Howard Gardner)는 지능을 언어, 논리 · 수학, 공간, 신체 · 운동, 음악, 개인, 자연, 대인관계로 구분했다. 지능이 가진 서로 다른 영역을 하나의 독립된 영역으로 보는 것이다. 따라서 인지 모델은 여러 개의 서로 다른 독립적 문제 영역들을 골고루 잘 해결해야 하는데, 문제의 핵심은 개별 영역에 적절한 서로 다른 여러 개의 모델을 만들어야 하는지, 아니면 하나의 모델로 여러 문제들을 해결 가능한지다. 하나의 모델을 만드는 것이 비용이나 유지 등에서 유리하다. 인간은 뇌를 통한 하나의 지능 체계인 인지 체계를 적용해서 여러 영역의 문제들을 해결하므로, 인간에 가장 유사한 모델은 하나의 모델이다.

거대 언어 모델은 한 개의 모델이며 이 모델이 여러 다른 영역을 해결하는 것이 가능하다. 즉 파인 튜닝이라고 불리는 거대 언어 모델의 기술은 여러 문제 영역들을 학습하고 하나의 모델에 대한 파라미터(parameter)를 조절하는 것이 가능하다. 이러한 바탕에서 거대 언어 모델은 인간과 유사하게 한 개의 모델만을 운영하는 것이 가능해진다. 이러한 원리로 인간 언어를 통해서 인간과 의사소통하고, 음악도 만들고, 프로그래밍도 하고, 글도 쓰고, 그림도 그리고, 동영상도 제작하게 된다.

거대 언어 모델의 또 다른 장점은 바로 인간의 고유 영역이던 창작에 도전하고 있다는 것이다. 기존에는 여러 디자인 시안을 얻기 위해서 많은 수의 디자이너와 엄청난 시간 동안의 노력이 필요했다. 그러나 현재는 거대 언어 모델을 동원해서 천여 개의 다양한 디자인을 0.1초도 안 걸리는 시간에 완성하는 것이 가능하다. 사진을 변경

하거나, 사진을 가지고 작업해야 하는 많은 인력의 수고가 필요한 여러 일들도 자동화가 가능하다.

그렇다면 거대 언어 모델은 창작이 가능하다는 결론에 도달할 수 있을까? 먼저 창작이란 무엇인가? 규정적으로 문학, 학문, 예술의 범위에서 대외적으로 표방할 수 있는 개인 고유의 독창성이 있어야 할 것이다. 그렇다면 현재 거대 언어 모델의 작업 범위는 문학, 학문, 예술에 걸쳐 있다. 또한 대외적으로 표방할 수 있는 개인 고유의 독창성이 있는지 논의가 되어야 할 것이다. 이를테면 창작이 아닌 것은 모방이 되는데, 무엇을 베꼈다는 것은 다른 사람들의 창작물에서 일부나 전체를 가져왔다는 것이다. 이러한 점에서 거대 언어 모델의 창작은 모방인지 아니면 순수한 창작인지 헷갈릴 정도다.

우선 생성형 인공지능인 생성적 적대 네트워크(GAN, Generative Adversarial Network)는 진짜와 비슷한 가짜를 만들어 낸다. 가방을 디자인하기 위해서 여러 브랜드 상표 이미지들을 학습시키고 색다른 가방 디자인을 만들어 내면 이것이 창작한 것인지 모방한 것인지 구분하기 어렵다. 그러나 실제 촬영한 사진을 주고 회화 이미지로 바꾸라는 명령을 수행하는 것은 창작보다는 모방에 가깝다. 이를테면 남산서울타워에서 촬영한 서울의

야경 사진을 주고 고흐의 〈별이 빛나는 밤〉과 유사하게 그리라고 명령을 내려 수행된 이미지는 모방에 가깝다. 마찬가지로 소설이나 시를 쓰면서 유명 작가의 스타일을 모방하라는 것도 이러한 범주에 들어간다. 현재 오픈AI의 소라(Sora)라는 동영상 제작 모델은 실제 영상을 만들어 내는데, 모방을 한 것인지 아니면 실제 촬영한 것인지 구분하기 어려울 정도다. 그러나 이미지 속의 인물들 중 누구는 꼭 실제로 본 적이 있는 것 같은 착각을 불러일으킨다.

철학자인 데닛(Daniel Dennett)은 인공지능의 문제로 프레임(Frame)이라는 사고 범위를 지적한다. 인공지능으로 구현된 것들은 우리의 사고 범위 안에서만 존재 가능하다. 만약 사고 범위를 벗어나는 문제가 발생하면 인공지능은 구현되지 못한다. 그러나 생물체는 이러한 사고 범위를 벗어난 행동을 하며 주위 환경에 적응하려고 한다. 따라서 생물체의 인지 모델은 인공지능의 모델보다 더 우수하다고 할 수 있다. 사고 범위를 벗어난다는 것은 새로운 유형이나 새로운 학파, 새로운 예술 사조를 창조하는, 즉 창조자인 인간의 사고 범위에서도 벗어나는 것을 의미한다. 이러한 의미에서 완전한 창조가 가능한지는 의문스러운 일이다. 현재 우리가 갖고 있는 범위

지식 안에서 창조되는 대상물은 결국 그 무엇인가를 참조하고 베낀 것에서 자유롭지 못할 것이다.

인간 언어를 확률 모델로 대체

언어학의 개념들은 철학에서 출발했다. 프레게, 러셀, 비트겐슈타인으로 이어지는 서양 철학의 역사에서 언어철학이라는 분석철학이 탄생했는데, 인간 언어는 개념적으로 고정화되어 있고 불변적이라는 사고에 기초했다. 즉 언어의 의미는 불변적으로 이미 고정화된 것으로 '개'의 의미는 언제나 "개"라는 대상만을 지칭한다고 주장되었다.

문제는 의미가 고정적이 아니라 가변적이며, 사용성을 기반으로 하고 있다는 점이다. 물론 비트겐슈타인의 논의에서처럼 사용성이 언어의 본질이라는 점은 당연한 주장이지만, 사실 의미가 고정되어 있어서 논리 연산을 통한 추론화 작업도 일정하게 고정된다는 것이다.

그러나 이러한 의미의 고정화에 반대해서 상대적으로 의미가 변화된다는 주장이 제기되었다. 참이나 거짓이 되는 특정 명제에 기반을 두고 추론을 통해서 연쇄적으로 참인 명제가 도출되는 언어적 작업이 수행된다. 이러한 과정은 의미가 고착화되어 있는 것이 아니라 의미는 유동적으로 변화하는데 참인 명제가 어떻게 유도되는지에 따라 상대적으로 결정된다. 다시 말하면 언어적 현상이나 언어적 작용은 결국 추론에 의한 것으로 의미라는 것은 추론 장치에 의해서 설명되는 현상으로 풀이된다. 이러한 이론은 셀러스(Wilfrid Sellars)와 브랜덤(Robert Brandom)의 추론주의 의미론으로 비트겐슈타인 이후 새롭게 각광받게 되었다.

이 철학적 논쟁은 많은 논의와 설명이 필요한 부분이지만, 몇 가지 중요한 관점만을 살펴보면 다음과 같다. 언어 사용이라는 관점에서 언어는 언어 사용자 구성원들이 세계에 대한 문제를 설명하고자 하는 도구다. 단순하게 설명하면 언어 사용자인 개개인에게 주어진 세계에 대한 설명력일 뿐이다. 따라서 주어진 세계가 각자 다르게 구성될 수 있다. 이러한 측면에서 자기 자신에게 주어진 세계가 다른 사람들에게 주어진 세계와 다르다는 것은 고정적이 아닌 가변적인 설명력에 기초해야만 한다. 이러한 연유로 언어 공동체의 상대적 개념적 의미를 표현하기에 언어에서 추론이라는 도구가 고정적 · 불변적이기보다 상대적 개념일 경우에 더 설명력이 크다.

언어의 논리적 분석은 참과 거짓 논리 판별에 의존하는 장치다. 이러한 장치적 특성은 여러 가지 문제점에 봉착하는데, 특히 체계에서 완전성을 강조하는 셀러스와 브랜덤의 해석은 의미 불안정성 문제를 적절하게 다룰 수 없다고 주장하는 근거가 된다. 즉 의미는 절대적 요소만을 갖지 않고 불안정하게 설명이 될 수도 있으며 이것은 세계에 대한 지식을 반영한다. 우리가 "개"를 지칭하면서 '개'라는 요소 이외에 다른 요소를 가리킬 수 있는 아이러니(irony)를 잠재된 채로 사용할 수도 있기 때문이다. 결과적으로 원칙적으로 참과 거짓에 기반을 둔 요소 명제를 어떻게 추론이라는 틀에서 설명하는지가 셀러스와 브랜덤의 의미 추론화 틀에서 가장 중요한 요소다.

하나의 이론의 완전성에 대한 판단에는 개별적이나 특정한 상황에 따라 적절한 해석이 가능한지가 주요하게 작동한다. 즉 변화하는 현실에서 해석되는 변화무쌍한 대상들을 적절하게 이해하기 위해서는 가능한 한 유연한 논리적 이론의 틀이 요구된다. 언어학에서 이를 해결하기 위한 이론적 틀이 바로 해리스(Zellig Harris)의 분포이론(Distributional Hypothesis)이다. 이 이론이 규정하는 것은 하나의 단어의 의미는 주변 단어에 의해서 결정된다는 것이다. 의미라는 것은 가변적인데, 주변 단어가 어떻게 분포하는지를 관찰하면 해당 의미를 결정할 수 있다는 것이다. 이를 통해서 의미에 대한 분석과 더불어 이를 확장한 상황이나 맥락에 대한 분석과 이를 기초로 한 판단 기능도 가능하게 된다. 이러한 점이 바로 거대 언어 모델의 토대다. 거대 언어 모델의 지능은 언어를 유연한 동적 해석체를 통해서 해석한다.

이론적 틀에서 거대 언어 모델은 단어 임베딩 방법론에서 출발해서 일정한 설명력으로 단어와 단어 간의 관계성을 설명한다. 또 대용량의 텍스트를 처리하면서 얻어지는 단어들 간의 분석력을 통한 해석이 바로 무한한 설명력을 갖는다는 것을 보여 주었다. 거대 언어 모델은 질의-응답, 추론 시스템 등등 현재 우리가 생각하는 인지 체계의 추론적 모델화의 기초를 가능케 하고 있다. 앞으로 이러한 언어 모델링 작업이 성공을 거두게 될 것인지는 세계에 대한 해석 장치에 달려 있다. 과연 이것이 가능할지는 거대 언어 모델의 미래에서 관찰될 것이다.

참고문헌

이병덕(2017). 『표상의 언어에서 추론의 언어로』. 성균관대출판부.

Dennett, D.(2006). Cognitive wheels: The frame problem of AI. In J. Bermúdez (Ed.), *Philosophy of psychology: Contemporary readings*(pp. 433~454). Routledge/Taylor & Francis Group.

Schramowski, P. et al.(2021). Language Models have a Moral

Dimension. arXiv:2103.11790.
Wong, L. et al.(2023). From word models to world models. arXiv:2306.12672v2.

04

거대 언어 모델과 산업, 그리고 일상의 변화

인공지능은 이제는 앨빈 토플러가 생각하는 미래의 충격으로 다가오지는 않는다. 현실에서 인공지능을 대하고 있지만 우리는 인공지능이 우리를 완전히 대체해서 우리의 일자리를 뺏는 것을 원하지는 않고 현재 우리의 일상을 변모시키길 꿈꾸고 있다. 과거에 얻기 힘들었던 향유물을 일상에서 누리는 정도의 변화를 고민하고 있다. 이것이 미래에도 지속 가능한 인공지능에 대한 우리의 생각들이다.

AI와 사주?

미래 충격과 권력 이동

앨빈 토플러(Alvin Toffler)는 『미래의 충격(Future Shock)』이라는 저서를 통해서 많은 사람들이 과학기술의 발전으로 인한 미래의 갑작스러운 충격에 직면할 것이라고 했다. 너무 짧은 시간에 너무 많은 변화를 가져오는 문제는 스트레스와 방향감각의 상실로 귀결된다는 것이다. 미래의 알 수 없는 수많은 변화가 사람들에게 고통과 충격으로 다가올 것이라고 했다. 『권력이동(Power Shift)』에서 앨빈 토플러는 미래에 권력이 폭력이나 화폐에서 지식으로 이동할 것으로 예견했다. 지식을 갖는 것이 권력을 갖는 것이며, 지식은 노동이나 자본 등의 힘을 약화할 것이며 것이며 경제의 핵심축이 될 것으로 보았다.

현재는 거대 언어 모델을 누가 갖고 있는지가 권력의 핵심으로 보인다. 오픈AI의 기술력은 챗GPT를 중심으로 달리(DALL · E) 2~3, 소라(Sora) 등의 다양한 서비스를 통해서 거대 언어 모델의 정점에 있다. 거대 언어 모델은 우리의 지식을 기반으로 만들어진 시스템이고, 우리에게 지식을 공급하면서 권력의 정점으로 가고 있다. 이러한 흐름은 우리에게 충격으로 다가오고 있으며, 우리는 예상한 시간보다 더 빨리 인공지능의 발전이 정점으로 가고 있다는 두려움에 빠지게 되었다.

과연 무엇이 어떻게 변화하는지가 두려움으로 다가오고 있는 시점이다. 미래에 대한 예측이 어떻게 되는지가 초미의 관심사가 되고 있는 시점에 엄청난 변화, 엄청난 충격 또한 새로운 것들의 등장에 대해서 모두들 예측과 예견을 하고 있다. 그렇다면 이러한 변화는 우리가 예상하지 못한 완전히 새로운 것일까 아니면 기존의 흐름 속에서 변화하고 있는 것들이 나타나게 되는 것인가에 대한 의문도 들게 된다. 과거 인류의 역사에서 엄청난 충격을 가져온 과거의 사건들이 발생할 시점에 어떠한 변화가 있었는지를 살펴봄으로써 이러한 흐름의 양상을 좀 더 찬찬하게 살펴볼 수 있다고 생각한다.

오랜 지속의 역사

프랑스 역사학자 페르낭 브로델(Fernand Braudel)은 『물질문명과 자본주의 읽기』라는 저서에서 단순한 경제적 변화가 순식간에 일어난 것이 아니라 인간의 모든 곳에서 서서히 이루어지고 있었으나, 사람들에게는 갑작스러운 사건으로도 다가올 수 있다고 설명했다. 브로델은 저서에서 물질문명이 기술 발전을 통해서 사회를 어떻게 변화시켰는지를 산업, 경제, 정치, 세계 질서 등등의 거시적 근거에서부터 일상적인 변화인 의 · 식 · 주와 인간들 사이의 사회관계성 등등의 미시적 근거에 입각해 보여 주고 있다.

미시적 입장으로는 인구, 기근, 질병, 문화, 식량, 사치품과 일상품, 주택, 의복, 유행, 에너지, 무기, 인쇄, 수송, 기계, 화폐, 도시 등등 여러 측면이 있다. 사회적 측면으로는 자본주의라는 경제사적 의미가, 그리고 세계사적 측면과 지리적 관점에서는 세계 질서의 변화가 경제와 맞물려서 세계 곳곳에서 일어나게 된다. 따라서 물질문명의 확산은 말 그대로 인류 전반에 걸친 모든 것의 변화를 의미한다. 이 중에서 제2차 산업혁명은 하나의 절을 이룰 정도의 내용일 뿐이다. 여기서 물질문명에 기반을 둔 자본주의는 인간 문명의 근원적 변화로 이 변화 흐름이 사건화한 것이 바로 제2차 산업혁명이다.

제2차 산업혁명과 일상의 변화

과연 제2차 산업혁명은 인류를 어떻게 바꾸어 놓았는가? 간단하면서도 자명한 답변은 산업의 전반적 변화와 더불어 사회 흐름의 변화이며, 일상적인 생활의 변화다. 일반인들에게 어떠한 변화가 있었는지 간략하게 논의해 보자. 생활 속 핵심적 변화는 식생활의 변화다. 산업혁명기에 발생한 인클로저(Enclosure) 운동은 농민들의 몰락과 이들의 도시 노동자로의 재편을 통한 노동인구 증가를 가져왔으며 황무지의 개간을 통한 목축업의 성장도 이루어졌다. 결국 농경지의 증가와 비료의 발명을 통한 축산업의 발전은 냉장고 발명으로 이어져 일반인들의 식사를 혁명적으로 바꾸어 놓았다. 과거 곡류 중심의 식사에서 육류 중심의 식사로 유럽의 식단이 바뀌게 되었다.

또 당시 증가된 도시 노동자층은 적은 수입으로 인해서 식료품 구입만 가능한 수준의 소비를 할 수 있을 뿐이었다. 처음에는 식단 자체가 생존을 위한 수단이었으나 점점 영양 가치를 따지는 수준으로 발전하게 되고, 결국 부유층의 전유물이었던 기호품과 사치품이 일반인들의 식단에도 유입되기 시작했다. 특징적인 것이 바로 커피와 설탕, 초콜릿 등등인데, 이러한 품목은 사치품이던 기호 식품에서 일반인들의 필수 기호 식품으로 변화한 것이다. 아침에 커피 한잔은 이제 유럽 일반인들의 필수가 되었다.

설탕은 유럽이 기원이 아니기 때문에 수입품이었던 것으로 원래 사치스러운 기호 식품이었다. 10세기 설탕은 이집트까지 전파되었으며, 유럽인들은 11세기 십자

군 전쟁을 통해서 설탕의 맛에 빠지게 되었다. 그 이후 발렌시아, 시칠리아, 키프로스 등등 남부 유럽까지 전파되었으며, 전 유럽에 퍼져 부유한 사람들의 사치품이 되었다. 설탕의 생산과 소비는 일반인들이 향유하던 시점부터 가파른 증가를 보이게 된다. 이후 설탕 생산은 식민지 제국주의자들의 식민지 개척의 원인이 되기도 한다.

제2차 산업혁명은 인류를 대량 생산, 대량 소비의 시대로 이끈다. 문제는 이러한 대량 생산과 대량 소비 문화가 현재 유럽인들만이 아닌 전 세계인의 문화가 되었다는 점이다. 커피와 설탕은 이제 전 세계인들의 입맛을 사로잡고 있으며, 생산과 소비가 특정 지역에 국한되지 않는다. 따라서 제2차 산업혁명으로 인한 변화는 우리의 일상적인 의 · 식 · 주 중 일부분으로 자리 잡게 되었다. 일상적인 것의 변화는 단순히 과거에 없던 것들의 시작이기보다는 과거의 것들이 변화의 흐름 속에서 다르게 바뀌는 것이다.

마찬가지로 인공지능의 혁명도 우리의 일상생활인 의 · 식 · 주에 차차 스며들게 될 것이다. 인공지능 기반 서비스로 내일 입을 옷을 오늘 맞추어 코디(coord)하는 일도 있을 것이다. 이미 우리는 식사 전에 인공지능을 활용해서 음식의 칼로리 계산이 가능하다. 또한 집에 설치된 CCTV를 통해서 집 내부를 감시하거나 자동 청소 로봇을 통해서 집을 깨끗하게 청소하는 데도 인공지능이 이미 활용되고 있다. 앞으로의 일상이 인공지능과 연관되어서 우리가 꿈꿔 왔던 일들이 이루어지게 될 것이다.

고대 그리스부터 나타난 인공지능

제3차 산업혁명의 주인공인 인공지능은 오랜 역사의 지속에서 나온 결과물인 동시에 사회의 흐름이다. 무엇보다도 컴퓨터는 하나의 천재 발명가나 하나의 천재 수학자, 하나의 천재 물리학자와 같이 한 명의 이론가에 의해서 만들어진 독립적인 것이 아니다. 라이프니츠, 프레게, 칸토어, 힐베르트, 괴델, 튜링, 폰 노이만 등등 여러 명의 학자들이 있었고, 이들의 공통된 아이디어로부터 출발된 하나의 기계가 오늘날 컴퓨터라고 부르게 된 것이다(Davis, 2000).

인공지능이란 이름은 1956년 다트머스 학회에서 존 매카시(John McCarthy)가 지은 이름이다. 그러나 그리스 신화에 이미 자동화된 장치인 탈로스(Talos)에 대한 이야기가 등장한다. 탈로스는 대장장이 신 헤파이스토스가 만든 인간과 동일하게 생긴 로봇으로, 크레타섬을 보호하기 위해서 만들어졌다. 이 로봇의 임무는 크레타

섬을 수호하는 것으로 주어진 임무를 위한 오토마톤(automaton)이다. 신화 속 여러 이야기에는 1천여 개의 페르시아 로봇 병사들, 부처의 유해를 수호하는 경비 로봇 등 자동화 장치들이 등장한다.

자동화 장치는 인류의 오랜 숙원이다. 라이프니츠는 미분 계산을 자동화하려고 했고, 튜링 시대에 배비지 미분기관이 만들어졌다. 또한 칸토어(Georg Cantor), 힐베르트(David Hillbert)로 이어지며 무한 수의 연산 작용을 자동화된 장치가 무한한 연속으로 처리하게 하는 꿈을 꾸게 되었다. 여기서 연산 가능성과 연산 한계의 문제도 무한 반복적 계산 기계에서 고려되어야 하므로 괴델(Kurt Gödel)은 이에 괴델 수를 도입하였다. 또한 튜링(Alan Turing)은 무한 반복과 연산을 해결할 기계를 튜링 기계라 명명하였으며, 이를 필요와 요구에 따라 시스템적으로 고안한 사람이 폰 노이만(John von Neumann)이다. 이를 통해서 현재 컴퓨터가 등장했고, 결국 자동화에 대한 신화 속 숙원 사업이 완성된 것이다.

컴퓨터는 우리의 일상을 바꾸어 놓았다. 사실 인터넷을 통한 모든 것의 연결은 디지털의 개념을 세상 속에 완전한 일상적인 요소로 자리잡게 하였다. 장치라고 불리는 하드웨어와 사용성을 갖춘 소프트웨어의 결합이 정보의 홍수를 만들고 드디어 인터넷 등장 이전의 인류의 정보량보다 인터넷 등장 이후의 정보량이 많아지게 되었다. 다시 말하면 아리스토텔레스의 분류나 체계, 개념에 대한 사고가 인터넷 이전에 만들어진 정보량에 적합했다면 인터넷 이후에 만들어진 정보의 홍수 앞에서는 무용지물이 되었다. 새로운 것들, 새로운 내용들은 모든 체계를 흔들게 되었고, 분류나 체계나 개념은 과거의 존재론(存在論)이 아닌 새로운 온톨로지(Ontology)를 탄생하게 하였다. 거대 언어 모델은 이러한 관점에서 정보 입력의 문제를 해결한 것이다. 거대 언어 모델은 이렇게 많은 정보를 처리하기 위한 장치이며, 집적화된 입력 해결 장치인 것이다.

인공지능을 통해서 꿈꾸는 낭만적인 것들

1984년에 출판한 윌리엄 깁슨의 장편 소설 『뉴로맨서(Neuromancer)』는 사이버 공간에서 이루어질 법한 일들에 대한 낭만적인 내용으로 가득하다. 오히려 제목이 "New Romance + er"의 합성어인 "Newromancer"라고 불려도 될 정도로 작품에는 낭만적인 것들인 음모, 배신, 사랑 등 로맨스 영화적 요소들이 풍부하다. 그러면서도 『뉴로맨서』는 분위기, 줄거리, 내용 등에서 사이버펑크

(Cyberpunk)라는 새로운 장르의 소설에 대한 기원이라고도 불린다. 미래에 원하는 것은 무엇이고 미래가 어떻게 될 것인지에 대한 고민이 담겨 있다는 점에서 이 부류의 소설은 낭만적이지만 퇴폐적인 낭만적, 부정적인 시각을 갖고 있다.

또한 1950년에 출판한 아이작 아시모프(Isaac Asimov)의 단편집 『아이 로봇(I, Robot)』에서 로봇들은 이성적이고, 합리적이기도 하고, 허풍선이이기도 하며, 자존심이 세거나, 개구쟁이이기도 하다. 이 소설에서 로봇들은 원칙이 있는 존재들로 이 원칙을 '로봇의 3원칙'이라고 한다. 소설은 인간과 동일하거나 유사한 로봇이라는 자동화 기계를 상상하고 있으며, 원칙이라 불리는 도덕적 판단의 문제도 내포하고 있다.

현재 우리가 생각하는 인공지능

현재 우리는 아침에 일어나서 스마트폰을 켜고 새로운 정보를 검색하고 메시지를 주고받으며 일정하게 인공지능을 사용한다. 좀 더 과감하게 인공지능을 사용하려면 오픈AI의 챗GPT나 유사한 사이트를 통해서 인공지능인 거대 언어 모델을 구동시킨다. 정보를 얻기도 하지만 글을 쓰거나 대신 작업을 시킬 목적으로 많이 사용한다.

좀 더 혁명적으로는 법과 연관된 분야에서, 의학과 연관된 분야에서 인공지능을 활용할 것이다. 그러나 현재 우리의 기술력은 자율주행의 일부분이 가능한 수준이고 사물인터넷(IoT) 등의 초연결성을 활용한 산업 전반의 변화를 꿈꾸고 있다. 생산에서 소비까지 모든 것이 자동화되어 있고, 지능적으로 예측이 가능하다. 간단히 냉장고에서 딸기가 어느 정도 있는지도 냉장고 안 카메라로 알 수 있으며, 이를 개인 소비량과 비교해서 내가 얼마만큼의 딸기를 마트나 전통시장에서 구매해야 하는지 충고하는 정도의 인공지능은 현재라도 가능하다.

인공지능은 이제는 앨빈 토플러가 생각하는 미래의 충격으로 다가오지는 않는다. 현실에서 인공지능을 대하지만 우리는 인공지능이 우리를 완전히 대체해서 우리의 일자리를 뺏는 것을 원하지는 않는다. 우리는 현재 우리의 일상을 변모시킬 인공지능을 꿈꾸고 있다. 과거에 얻기 힘들었던 향유물을 일상에서 누리는 정도의 변화를 고민하고 있다. 인공지능의 미래도 무한하면서 지속 가능한 것을 바라고 있다. 이것이 우리가 인공지능을 설계하면서 꿈꾸면서 고민하는 것들이다.

인공지능의 미래에 대한 시각은 여러 가지이지만 양극단의 한쪽은 암흑이고 다른 쪽은 공존이다. 영화 속

‘터미네이터’와 같이 인공지능이 인간 혐오 및 말살을 도모하는 경우는 최악의 시나리오다. 또한 ‘매트릭스’처럼 인간을 인공지능의 전기 생산 역할로 만들어서 매트릭스에 가두는 경우도 최악이다. 영화 〈그녀(Her)〉에서 남자 주인공이 친근한 목소리와 사랑에 빠지는 것은 낭만적이다. 영화 〈크리에이터〉에서 공존을 요구하는 인공지능의 모습은 무한한 충격일 수도 있다. 제2차 산업혁명의 여파는 컸지만 일상의 변혁은 과거에서 현재 그리고 미래로 이어지는 큰 흐름 속에 있었다. 마찬가지로 제3차 산업혁명인 인공지능의 대두도 큰 흐름 속에 있을 것이다. 또한 앞으로 인공지능이 어떤 모습을 보일지는 우리의 판단과 행동에 달려 있다.

참고문헌

Braudel. F.(2022). *Civilisation matérielle, économie et capitalisme - Tome 1: Les structures du quotidien.*Armand Colin. 주경철 옮김(2024). 『물질문명과 자본주의 1 일상생활의 구조』. 까치.

Braudel. F.(2022). *Civilisation matérielle, économie et capitalisme - Tome 2: Les jeux de l'échange.* Armand Colin. 주경철 옮김(2024). 『물질문명과 자본주의 2 교환의 세계』. 까치.

Braudel. F.(2022). *Civilisation matérielle, économie et capitalisme - Tome 2: Les temps du monde.* Armand Colin. 주경철 옮김(2024).『물질문명과 자본주의 3 세계의 시간』. 까치.

Davis, M.(2000). *The universal computer: The road from Leibniz to Turing*. W. W. Norton & Company. 박상민 옮김(2023). 『오늘날 우리는 컴퓨터라 부른다』. 인사이트.

Mayor, A.(2018). *Gods and robots: Myths, machines, and ancient dreams of technology*. Princeton University Press. 안인희 옮김(2020). 『신과 로봇』. 을유문화사.

Toffler, A.(1984). *Future shock*. Bantam. 장을병 옮김(1990). 『미래의 충격』. 범우사.

Toffler, A.(1984). *The third wave*. Bantam. 김진욱 옮김(1989). 『제3물결』. 한국경제신문사.

Toffler, A.(1984). *Powershift: Knowledge, wealth, and violence at the edge of the 21st century*. Bantam. 이규행 옮김(1990). 『권력이동』. 한국경제신문사.

05
일반 인공지능 = (또는 ≠) 거대 언어 모델

지금까지 개발된 대형 언어 모델은 언어에 기반을 두고 추론, 코딩, 답변, 멀티미디어 등등의 개별 작업에 맞게 파라미터를 미세조정했다. 모델의 크기가 엄청나게 크기 때문에 세계에 존재하는 모든 것을 다 이해하는 수준이다. 그렇다면 우리 인지 체계를 대체할 정도가 되는가 하는 질문에 현재 답변이 가능한가? 만약 가능하다면 우리의 인지 체계를 온전히 대체하는 것이 가능한가?

AI와 아이돌?

매트릭스에 갇힌 영혼들

더 워쇼스키스가 만든 SF 영화 〈매트릭스(Matrix)〉는 모든 인간들이 AI 기계가 만든 매트릭스라는 가상 세상에 갇혀 살면서 마치 다른 인간들과 같이 사는 환영에 빠져 있다. 이 매트릭스는 인간들이 일상적이고 완전한 삶을 누리며 살고 있는 하나의 미리 만들어진 세계다. 만약 매트릭스의 균형 중 하나라도 깨져서 갇혀 있다 깨어난 네오처럼 매트릭스가 그저 환영이라는 것을 알게 된다면 매트릭스는 더 이상 완벽한 세계가 아니다. 주인공인 네오는 환영을 깨고 인간 세계를 구원하기 위해서 존재하는 대상인 메시아가 되어 버렸다. 네오가 AI 기계가 만든 환영을 부수지만 AI 기계와 인간의 지리멸렬한 전쟁의 끝은 AI가 만든 가상 세상으로 귀결되면서 매트릭스 시리즈 영화의 모든 이야기는 종결된다.

거대 언어 모델은 우리가 만든 인공지능이 우리를 가두게 되는 색다른 세계관을 제시한 영화 속 매트릭스와 같이 미리 만들어진 가상 세계다. 미리 학습되어 버렸기 때문에 새로운 사실은 이 모델 속에 갱신되지 못한다. 따라서 우리가 거대 언어 모델을 일반적인 지능을 가진 인공지능이라고 여기면 결국 인공 세계에 갇히게 된다. 이러한 문제로 인해서 뉴욕대학교 교수이자 메타의 수석 연구원인 얀 르쾽은 거대 언어 모델이 일반 인공지능이 아니라고 주장한다(LeCun, 2022).

그러나 학자들 대다수는 앞으로 수 년 이후에는 거대 언어 모델이 일반 인공지능으로 발전할 수 있다고 믿고 있다. 현재 거대 언어 모델은 변호사 시험, 대학 입학시험 등등에서 인간보다 더 나은 점수를 얻고 있다. 그림도 그리고, 영상도 만들고, 소설도 작성하고, 시도 쓰며, 코드도 만들고 있다. 인간 뉴런의 기억 방식인 장기 기억과 단기 기억 방식으로도 만들어져서 생명체의 인지 체계의 유기적 장치를 이해하고 있다. 따라서 거대 언어 모델이 일반 인공지능과 동일하다는 믿음 또는 일반 인공지능이 곧 완성될 것이라는 믿음이 현재 팽배해 있다.

인지 체계의 대체

인공 세계가 완전하기 위해서는 세계에 대한 모델이 필요하며 이 모델은 항상 세계에 맞추어서 갱신되어야 한다. 세계에 대한 갱신을 우리는 인지라고 하는데, 우리의 감각 세계는 나를 중심으로 세계에 존재하는 대상물들을 인식하며 이를 우리의 세계에 대한 정보에 갱신하게 된다. 따라서 우리는 우리의 인식 체계인 감각 기관과 연동, 정보에 대한 갱신, 그리고 대상물에 대한 정보를 토대로 현재의 행동과 미래에 대한 사고를 만들게 된다. 그러나 현재 거대 언어 모델은 과거의 정보를 토대로 만들어진 과거의 모델이며, 현재 정보를 갱신할 수는 없다. 가능하다고 해도 실시간 가능하지 않다.

인지 모델에 기반을 둔 일반 인공지능으로 구성된 하나의 자동화 로봇을 생각해 보자. 미국 항공우주국(NASA)에서 연구했던 행성 탐사 로봇은 전원이 무한하다면 로봇 스스로 행성을 무한하게 탐사해야만 한다. 이러한 경우에 로봇에 필요한 지능은 무엇인가? 가장 중요한 것은 스스로 움직이며 길을 찾고 탐사된 것을 기록하는 것이다. 이를 위해서 길인지 아닌지 스스로 판단하고 이를 토대로 전략을 세우는 등 결정하는 능력이며 이것은 문제 해결 능력일 것이다. 또 특정 사실을 일반화된 지식인 상식으로 바꾸어서, 보유한 지식의 내용을 늘리게 될 것이다. 그리고 주어진 목표를 토대로 계획을 수립하는 등 목표 지향적 행동도 하게 될 것이다. 무엇보다도 센서 장치의 입력된 정보를 토대로 새로운 내용을 학습하게 될 것이다.

인지 체계는 외부의 자극에 대한 내부 정보 처리를 의미하는데, 거대 언어 모델은 이미 엄청난 숫자의 데이터를 인식하는 것이 가능하다. 따라서 이 모델은 세계에 대한 거의 모든 지식을 갖고 있다고 하더라도 과언이 아니다. 그렇다면 우리 인지 체계를 대체할 정도로 발전 가능한가 하는 질문에 현재 답변이 가능한가? 가장 먼저 자율주행의 예를 들어 볼 수 있다. 애플은 자율주행 사업을 2021년부터 시작했지만 2024년 초 갑자기 포기했다. 포기하게 된 핵심은 애플은 완전 자율주행을 추구했는데 완전한 자율주행이 2024년 시점으로 어렵다는 판단이 섰기 때문이다. 현재 자율주행은 완전한 자율주행 방식이 아니다. 자율주행 단계에서 인간의 개입이 없이도 주행이 가능하지만 인간의 개입을 완전히 또는 대부분 제거하기는 불가능하다. 가장 어려운 문제는 현재 시스템들이 시각 정보에만 전적으로 의존하는데, 비가 온다든지 아니면 이슬이 맺혔다든지 안개가 낀 경우와 같이 약간의 외부 환경의 차이에도 시각 정보에 대한 판별의 수준이 떨어진다. 즉 인지 체계에 대한 100% 완전한 이해에는 접근하지 못했다고도 할 수 있다. 이런 관점으로 보면 완전한 인지 체계의 대체를 통한 일반 인공지능으로의 발전은 현재로서는 어려워 보이며 현재 방식으로 과연 가능한가 하는 질문에 봉착할 수도 있다.

그러나 심리학적 관점에서 뇌는 외부 세계를 생물체 내부에 에뮬레이션(emulation)한 것이다. 다시 말하면 생존을 위한 장치로 외부 자극에 반응하기 위해서 내부에 설치해 놓은 연산, 기억, 처리 장치다. 또한 이러한 에뮬레이션의 결과로 일정한 과정이 시뮬레이션되게 되며, 지능과 연관되어서는 추론, 인지, 대화, 요약 등등의 정신적 과정을 입력과 출력 구조로 나타내게 된다. 현재 거대 언어 모델은 이러한 추론, 인지, 대화, 요약 등등에서 특화되고 있기 때문에 일정하게 뇌를 시뮬레이션하고 있는 과정이라고도 할 수 있다. 따라서 거대 언어 모델이 완전한 인지 체계를 대체하는 것이 가능하다고 생각이 된다면 인간의 인지 기관의 입력과 처리 뉴런의 출력을 시뮬레이션할 수 있다. 이러한 관점으로 접근한다면 거대 언어 모델이 일반 인공지능으로 충분히 발전할 수 있다고 말할 수 있다.

아주 복잡하게 설명하면 인간의 전체 뉴런의 개수가 대략 100~500조 개인데 이 뉴런 개수를 인공지능이 대체할 수 있다면 생물체의 인지적 경험을 동일하게 할 수 있으며 이것으로 결국 지능을 온전히 대체할 수 있다고 판단할 수도 있다. 즉 전체 처리 가능한 규모의 문제이지, 이론적으로 대체할 수 없다고 할 수는 없다. 다시 말하면 계산 불가능이나 계산 가능과 같이 둘 중 하나로 판정할 수 있는 문제라고 할 수 있다. 만약 특정 문제가 계산 불가능이나 계산 가능으로 판정하기 어렵다면, 그 문제는 판단의 범위가 아니지만 판정이 가능하다면 판단과 논의의 범위에 있다고 할 수 있다. 더 나아가서 계산 가능이라고 판단이 된다면 문제가 없을 것인데, 처리 뉴런의 규모를 늘린다면 가능하다고도 할 수 있다. 우리가 하드웨어와 소프트웨어 수준을 업그레이드하거나 그 규모를 더 크게 하면 가능할지도 모르겠다.

시뮬레이션의 위험성

거대 언어 모델은 생성형 모델로 장 보드리야르의 '시뮬라시옹(Simulation)' 철학과도 일맥상통한다. 거대 언어 모델이 생성하는 것은 실재하는 것을 그대로 만드는 것이 아니라 확률적 가능성에 기반을 둔, 실제보다 더 실제 같은 현실들을 만들어 내는 것이다. 원본이 없는 현실들은 실재하지 않지만 가정되고 존재할 법한 것을 만들어 낸다. 생성하는 이미지나 동영상은 우리가 한 번도 찍거나 그리거나, 디지털화하지 않은 것들이다. 이것은 현실을 반영하고 있지만 현실에서 절대 존재하지 않는다. 이 대상들이 현실 자체를 대체하게 되며, 보드리야르의 말처럼 '시뮬라크르(Simulacres)-하기' 한다.

대상이 없는 현실들, 이것은 본질이나 이름이 없는 실

체들이기 때문에 존재하는 것이 아닌 가치에 의해서 만들어진 것들이다. 자가 증식이어서 스스로가 스스로를 복제한다. 인공지능은 인공지능을 만들어 내며, 이러한 지능은 스스로가 스스로를 시뮬레이션하는 능력이 있다.

보드리야르의 생각처럼 시뮬라시옹의 문제점은 저지와 은폐, 그리고 통제와 감시다. 인공지공이 만들어 낸 사실들은 파생된 현실들로 대상물 자체를 보기보다는 파생된 현실만을 이해하게 한다. 예를 들어서 생성모델이 서로 다른 명품 가방 브랜드 A, B, C의 이미지만으로 일련의 가방 이미지를 1천여 개 생성한다면 우리는 브랜드 A, B, C의 가치가 아닌 새로운 합쳐진 여러 브랜드 이미지들을 그 1천여 개에서 발견할 수도 있다. 즉 원본 이미지나 가치는 저지되고 은폐되며 새로운 이미지나 가치로 남게 된다. 또한 통제와 감시에 대해서 보드리야르는 '모종의 기계신이 지배하는 보다 강력한 형식의 전자 · 정보적 감옥으로 부활'한다고 했다. 이러한 위험은 인공지능이 만들어 내는 문제에 대해서 늘 존재하는 것이다. 만약 이 장의 처음에 논의한 '매트릭스'를 의미하는 것이라면 놀랄 만큼 무서운 예언이 될 수도 있다.

이러한 '시뮬라시옹'은 결국 현대 소비 사회의 문제점

과 인위적 기술정보 우위 사회라는 폐단으로 이끌어질 수도 있다. 증기기관이 2차 산업혁명을 통해서 대량 소비 사회로 이끌기 위한 문을 열었다면 3차 산업혁명은 인공지능을 필두로 현대 소비 사회에서 이끌린 결과물일 수도 있다. 따라서 소비적 욕망으로 접근된 기술로 이기심을 지닐 수밖에 없다. 인위적 기술정보 우위 사회는 기술 우선주의의 기술 결정론에 빠질 위험성도 있다.

그러나 성급한 일반화로 인해서 모든 것을 과장하면 자기 프레임에 갇히게 되는 자가당착적 모순점도 발견된다. 생성모델은 사실과 현실에 근거해서 가상이 만들어지므로 현실 의존적이 될 수밖에 없다. 따라서 싫든 좋든 사실을 만들어야 가상인 생성모델 공간이 만들어지게 되므로, 현실 공간은 선제적으로 만들어져야 한다. 선험적으로 만들어지는 것이 생성모델이 아니라 경험적으로, 데이터 기반으로 만들어지는 것이 생성모델이라는 것을 의미한다. 따라서 우리가 경험하지 못한 것을 만드는 것이 아니라 경험이 가능하지만 경험할 수 없었던 것들을 생성하는 것일 뿐이다. 이러한 것의 문제점은 바로 프레임 안에서 유사한 프레임을 만들어야만 하는 자기 증식의 모순점이다. 영화 〈매트릭스〉의 '오라클'과 '아키텍트'는 매트릭스에 적대적인 인간 사회인 '시온'을 유지하는 동력이지만 매트릭스 자체를 유지해야 하는 모순을 갖는다. 따라서 프레임을 벗어나려 하지만 그 프레임 안에만 존재하는 자가당착적 설계자와 세계관이 발생한다. 궁극적인 질문은 오라클과 아키텍트는 과연 진화 불가능한 것인지 아니면 진화하지 못하게 만들어진 것인지다.

병의 치료에서 중요한 것은 약, 수술 및 시술, 의사의 판단 등도 있지만 환자의 치유 능력도 있다. 즉 환자의 의지와 더불어 우리 신체의 나아가는 능력이 모든 병을 낫게 하는 데 주요하게 작용한다. 우리가 만든 인공지능에 의해서 문제에 봉착하고, 물질적 · 향락적 문제가 발생하는 반면에 우리에게는 스스로의 치유 능력에 기초한 자연으로의 회귀적 해결 방식도 늘 존재할 것이다. 그리고 이것은 우리의 주요한 문제점을 해결할 수 있는 방법이 될 것이다.

그러나 여전히 문제점인 것들

시뮬레이션의 기술적 문제점은 바로 비용과 효용성이다. 엄청난 비용을 들여서 시뮬레이션을 하지만 현실에서 소용이 없는 효용성의 문제가 발생한다. 즉 잘못된 결과에 따른 문제점이 발생하고 더불어 비용 지불도 문제가 될 수 있다.

사회 속 정화 장치는 윤리와 도덕이다. 대형 언어 모델 이전의 일반 언어 모델에서 이러한 윤리와 도덕적 문제가 특정 챗봇들에서 발생한 적이 있었다. 대형 언어 모델은 이를 경계하고 윤리와 도덕에 대한 문제를 해결하고자 많은 노력을 기울이고 있다. 이러한 면에서 일반 인공지능이 대형 언어 모델과 동일하다면 문제의 연속선상에 서 있는 셈이다.

참고문헌

이대열(2017). 『지능의 탄생』. 바다출판사.

Baudrillard, J.(1985). *Simulacres et simulation*. Galilee. 하태환 옮김(2001). 『시뮬라시옹』. 민음사.

LeCun, Y.(2022). A path towards autonomous machine intelligence version 0.9.2, 2022-06-27. *Open Review*, 62.

Russell, S. & Norvig, P.(2010). *Artitifical Intelligence*. Prentice Hall.

06
편향성, 이기심, 인간 적대적 위험들

거대 언어 모델의 문제점은 편향성, 이기심과 인간 적대적 위험들이다. 그러나 편향적이지 않은 모델을 만드는 데 어려운 점은 우리가 얻을 수 있는 데이터가 편향성으로 가득하다는 것이다. 반대로 말하면 편향성이 학습의 기본이 된다. 이 문제에 대해서 연구자들은 위험성을 인지하고 있으며, 다각도로 문제점을 해결하고자 노력하고 있다. 문제점의 문제점은 바로 문제가 발생하면 곧바로 심각해진다는 것이다.

AI와 야구?

편향성

편향적인 것은 한쪽에 치우치는 것을 말한다. 즉 남성적 성향에 치우치거나 반대로 여성적 성향을 편애하거나, 유럽이나 미국의 서구적 편견으로 다른 인종을 해석하거나, 지역에 따른 차별점을 두거나 하는 문제다. 가르그 등(Garg et al., 2017)은 거대 언어 모델의 전신인 워드 임베딩 모델의 편향성에 대해서 논의하면서, 남자를 '능력 있는 사람'이라고 묘사한다면 여자는 '가정주부'와 유사성이 높다고 판정한다. 이러한 편향성은 우리의 역사적 · 시대적 상황에서 기인한다. 과거에는 인종주의, 남성우월주의와 같이 잘못된 편향으로 가득한 고정관념이 만연했다. 1910년대 동양인들은 서양인들에게 '미개한' 사람들로 비쳤다면 1930~1950년대 2차 세계대전을 거치면서 점점 더 나은 이미지로 변화했다. 또한 1910년대 여성의 지위는 남성의 지위보다 상대적으로 낮았다. 언어 모델이 이러한 점을 학습하면서 의미 공간에는 우리 자신의 편향된 정신이 들어 있게 될 수밖에 없다.

편향적이지 않은 모델을 만들기 어려운 것은 바로 우리가 얻을 수 있는 데이터가 편향성으로 가득하기 때문이다. 반대로 말하면 편향성이 학습의 기본이 된다. 'A라는 단어는 B라는 단어와 유사하다'는 것을 학습하는 것이 언어 모델인데, 이러한 유사성이라는 것은 편향성을 의미한다. A라는 단어가 B라는 단어와 편향적으로 유사한 분포에서 발견되기 때문에 A라는 단어는 B라는 단어와 유사성을 갖게 된다. 따라서 편향성이 없는 데이터는 이론적으로 학습될 수가 없고, 그냥 일정하고 동일한 분포만을 가지는 균일한 데이터다. 모든 단어들 사이의 거리는 일정할 것이며 굳이 학습될 필요성도 없다. 다시 말하면 더 멀고 더 가깝고 하는 것이 유사성 측정의 근거가 되는데, 이것은 단어와 단어 사이의 편향적 관계에서 출발한다. 그러므로 데이터의 편향성은 데이터 자체를 학습하는 기반이 된다. 문제는 편향성에 문제가 있는지 없는지를 판단하는 능력이다. 다시 말하면 편향적인 데이터를 학습하면서도 어떤 악영향을 미칠 만한 나쁜 편향성이 어떻게 분포하는지를 파악하는 것이 가능한지 고민해야 한다. 위험한 편향성인 성별, 종교, 인종 등등에 대한 문제점을 이해하고 이러한 것이 무엇이고 이것을 어떻게 제거할 수 있는지도 논의가 가능해야 한다.

편향성 해결을 위해서 두 개의 서로 다른 학습 방향이 있다. 먼저 완전히 편향적인 데이터에서 출발해서 편향성을 파악하고 제거하는 과정으로 출발하는 방향이 있다. 그다음으로는 전혀 편향적이지 않은 데이터에서 출발해서 데이터를 점점 학습하면서 편향적이 무엇인지 채워 나가는 방향이 있다. 편향성 문제 해결을 위해서 새로운 전략도 연구되었다. 먼저 거대 언어 모델은 생성 모델로 특정 조건에 대해서 생성하는 방식으로 작동한다. 이러한 생성은 모델에서 주어진 것으로 세계의 사실을 완전히 반영할 수 없다. 다시 말하면 모델이 주어지는 조건에 맞게 만들어지는 것을 외부로 출력하기 전에 우리가 원하지 않는 편향적 사실인지 판별하는 작업이 필요하다. 이러한 전략은 생성 모델 내부에서 편향성을 피해 가는 것이 아니라 생성이 된 후에 생성된 것이 편향적인 것인지 맞추어 보는 것이다. RAG(Retrieval-Augmented Generation) 기법이 이것에 해당한다(Lewis et al., 2017). RAG는 모델이 생성한 이후에 이 생성물을 실제 세계에서 나타나는 사실과 비교하는 방식이다. 모델이 생성한 것이 정확하지 않거나 환영 등의 문제에 빠질 수가 있으므로 실제 검색되는 내용과 맞추어 보게 된다. 이 방식을 적용하면 실서비스에 대한 만족도나 응답 품질 등도 향상이 가능하다. 또한 거대 언어 모델이 일반적 지식 위주로 학습이 되기 때문에 특정 분야에 대한 지식을 표현할 수도 있다. 그리고 정보 검색 등 다른 서비스에도 사용할 수 있기 때문에 효율성이 높다.

편향성이 지니는 또 다른 문제점은 바로 다중 언어 모델에 대한 것이다. 거대 언어 모델의 출발점은 미국으로, 영어 텍스트를 중심으로 학습되었다. 초기 모델들은 영어 기반으로 작성되었으며, 이후 여러 다른 언어와 번역 모델을 결합한 형태도 있다. 이러한 경우에 영어에 기반을 두고 있어서 영어, 즉 미국과 영국적 사고방식이나 세계관이 많이 들어 있어서 다른 언어나 다른 세계관을 표방하기는 어렵다. 따라서 이러한 모델들을 그대로 차용하는 경우에는 영어를 사용하지 않는 다른 국가나 세계에서는 문제가 되기도 한다. 이를테면 과거 영국의 식민지였던 곳들에서는 식민지적 사고방식이 그대로 반영될 수도 있다. 이러한 이유로 제3세계나 인도, 중국 등에서는 거대 언어 모델의 주권화를 표방하기도 한다.

이기심

이기심은 크게 두 가지를 가리키는데, 하나는 거대 언어 모델의 이기심이고 다른 하나는 사용자인 인간의 이기심이다. 두 번째 이기심은 흔한 문제로, 사용자의 악용이다. 특히 피싱 범죄 등에 악용될 소지가 매우 높다. 이 모델은 인간을 모방하는데, 사이버 범죄에 이용될 공산이 크다. 범죄를 위한 블로그를 만들거나, 해킹을 위한 코드나 우회 전술 등을 알려 주거나, 개인 정보 탈취를 위한 이메일을 작성하거나 등등 범죄적 용도로 활용이 가능하다. 이 문제를 해결하기 어려운 이유는 바로 거대 언어 모델이 작성한 것과 인간이 작성한 것을 구분하기 어렵다는 데 있다. 만약 둘 사이에 구분이 가능하다면 선제적으로 해결이 가능하지만 인간과 기계의 차이점을 구분하기가 미묘하게 어렵다는 것이다. 바꾸어 말하면 인공지능의 정도성을 파악하는 '튜링 테스트'를 거대 언어 모델은 이미 통과했으니 인간과 동일한 능력에 도달 가능하다고 인정해야 할지도 모르겠다.

첫 번째 문제인 거대 언어 모델의 이기심은 매우 어려운 문제다. 거대 언어 모델이 이기심을 유발하는 것은 스스로를 인지하는 능력이 생겼다는 것이다. 더 나아가서 '자의식(Self-awareness)'이 발생하는 것인데, 이때는 자신의 성격, 느낌, 동기, 욕구를 이해하며 외적 자의식을 갖기 시작한다. 이러한 것의 문제점은 타인과 나를 구분하고, 공동체라는 의식을 갖기 때문에 거대 언어 모델들만의 공동체를 형성할 수도 있다. 이렇게 된다면 우리는 영화 속 터미네이터를 고민하지 않을 수 없다. 우리가 인공지능을 만든 이유는 우리와 우리를 둘러싼 모든 것들을 고려하기 위함인데, 인공지능이 인공지능 스스로를 보호하기 위해서 작동된다면 문제가 될 것이다.

영화 〈크리에이터(The Creator)〉는 인공지능을 하나의 물건이 아닌 인격체로 대할 것인가에 대한 문제를 제기했다. 여기서 '인공지능이 의식이 있다면 천국에 갈 수 있는가?'라는 질문이 등장하는데, 과연 답이 가능한 문제인지 모르겠다. 특히 우리가 창조한 인공지능이 이미 우리의 손을 떠났으며, 또한 이미 의식을 가진 존재로 발전하고 있다면, 아니 이미 발전되었다면 어떻게 되는 것인지에 대한 혼란스러움은 피할 수 없는 문제다. 또는 영화 〈아이, 로봇(I, robot)〉으로 돌아가면 자의식 생성을 가정하면서, 로봇에게 세 가지 원칙을 강요할 수도 있다. 인간을 지킬 것과 인간의 명령을 지킬 것과 그 외에도 자신을 지킬 것이 로봇이 지켜야 할 원칙이라면 자의식 단계에서 로봇은 인간과 공존될 수 있는 것인지도 모르겠다.

인간 적대적 위험들

언어 모델들을 활용한 인간 적대적, 인간 혐오적 반응들은 챗GPT 이전 모델들에서 발견되었으며 이에 대한 위험성을 제거하기 위한 노력이 거대 언어 모델에 많이 도입되었다. 마이크로소프트가 개발한 '테이(Tay)'는 딥러닝 모델을 기반으로 한 대화형 챗봇이었다. 이 모델은 이전 챗봇 모델과 다르게 입력된 내용을 스스로 학습하는 기능이 있었다. 문제는 학습을 하면서 위해한 내용이 무엇인지 모르고 처리하기 때문에 테이를 나치나 파시스트를 옹호하게 만들거나, 인종 혐오를 유발하거나, 여성이나 남성을 증오하게 만들거나 할 수 있었다. 이를테면 유대인들을 가스실로 보내야 한다든지, 멕시코인이나 흑인들을 비하한다든지 역사적으로나 사회적으로 바람직하지 못한 말들을 테이는 서슴지 않고 하게 되었고 결국 16시간 만에 서비스를 중단하게 되었다.

이러한 문제점은 다른 서비스에서도 나타났는데, 국내 회사에서 만든 챗봇 서비스인 '이루다'이다. 이 서비스에서 젊은 여성 인물을 설정하고 사람들과 무작위 대화를 하게 하였는데, 젊고 통통 튀는 대화 감각을 갖고 있어서 엄청난 반응을 일으켰지만, 혐오 메시지나 외설적 대화의 무방비적인 생성, 그리고 개인 정보 침해 논란 등이 문제가 되었다. 그러나 문제의 핵심은 이루다가 학습한 데이터에 포함된 개인 정보가 유출이 되면서 파장이 커지게 되었다는 것이다. 언어의 특성상 여러 다양한 표현이 포함된 개인 정보는 명확하게 완전히 제거하기는 어렵다. 게다가 '이루다'는 이러한 개인 정보에 기반을 둔 데이터를 학습해서 개인 정보가 학습된 모델에 각인되어 서비스에 나타나는 문제점이 발생했다.

일반적인 딥러닝 모델은 신경망을 흉내 내게 된다. 이러한 중에 기억은 사라졌다가 다시 살아나는 경우도 많다. 다시 말하면 기억은 완전히 지워지는 것이 아니라 어딘가에 저장되었다가 자주 나타나지 않더라도 다시 소환되는 것이다. 그러므로 거대 언어 모델이 무엇으로 어떻게 학습하는지가 인간에 대한 적대적 위험으로 등장하는 소지가 되는 것이다. '이루다'는 눈에는 보이지 않는 개인 정보가 포함된 것이 어떠한 위험을 초래하는지를 보여 주었다. 무엇보다 이 분야를 단순한 기계적 논리나 전산적 프로그램으로 여기는 것이 문제가 된다. 이러한 점에서 인공지능을 다루는 일에 더 섬세하고 더 조심스러운 자세가 요구되는 것이다.

거대 언어 모델은 모델의 세세한 부분을 조정하는 튜닝 방식에서 정렬을 사용한다. 이러한 정렬의 기본적인 원칙은 모델이 사용자에게 정확한 내용을 전달하는 정직성(Honesty), 모델에서 생성된 언어가 공격적이거나 차별적이지 않은 무해성(Nonmaleficence), 간결하고 효율적인 방식으로 도움을 주려는 유익함(Helpfulness) 들이다. 이러한 방식은 바로 인간에 대한 적대적 부분을 완화하려는 방식으로 이해된다. 적대를 완전히 제거하거나 적대가 무엇인지 학습시키거나 하는 등등의 노력도 필요하지만, 태생적으로 학습 데이터는 편향적이고 편견이 가득한 데이터다. 이러한 이유로 워드 임베딩 모델을 통해서 편향성의 문제가 제기되었다. 더 효율적으로, RAG 방식으로 모델이 생성한 다음에 필요한 부분을 검색을 통해서 합치거나 부가할 수도 있다.

편향성, 이기심, 인간 적대적 위험들은 모델을 만들면서 생기는 매우 심각한 문제들이다. 이는 모델을 만드는 모든 단계에서 고려되어야 한다. 학습하는 단계에서 학습 데이터를 생성하면서 개인 정보의 삭제 및 도용 위험성 제거, 편향성과 문제점이 되는 부분들 제거, 모델 구성에서 위해적인 부분에 대한 요소 제거 및 확인 작업, 모델 구성 이후 세세한 파라미터 조절 작업 시 적절한 튜닝 방식에 대한 이해 등등을 확인 및 조사해야 한다. 특히 모든 모델을 만들면서 이러한 위해 요소를 제거하는 작업은 현재로서는 인간 피드백 작업자의 직관에 달려있다. 그러므로 인간 의존적이기 때문에 완전히 객관적이고 완전히 공정한 모델을 만드는 일은 어렵다. 결국 완전성 추구를 위한 방식에 대한 탐구에서도 윤리적, 도덕적 판단에 대한 기준을 우리 스스로가 완전하게 정의해야 한다는 문제로 다시 귀결된다. 이 역시도 앞으로의 과제에 해당하는 중요한 문제다.

덧붙여서 거대 언어 모델은 인간 위험성을 제거한 모델들이다. 학습을 통해서 위협을 제거하고 위협적인 요소가 출력되지 못하게 하는 방법론을 장착하고 있다. 그런데 이러한 위협적인 요소들을 다시 살리는 탈옥(Jail Breaking)이라는 방법론들이 등장하고 있다. 즉 갇혀 있는 거대 언어 모델들을 해방해 버린다는 의미로, 인간 적대적 위험을 방지하는 기능을 제거하는 기술들을 말한다. 이러한 시도가 위협적인 방법론을 추구하는 인간 집단들에 이루어질 경우에 위험성이 높아질 것으로 파악된다.

참고문헌

Garg et al.(2017). Word embeddings quantify 100 years of gender and ethnic stereotypes. arXiv:1711.08412.

Hayles. K.(2008). *How we became posthuman: Virtual bodies in cybernetics, literature, and informatics.* The University of Chicago Press. 허진 옮김(2013). 『우리는 어떻게 포스트휴먼이 되었는가?』. 사계절.

Lewis et al.(2017). Retrieval-augmented generation for knowledge-intensive NLP tasks. arXiv:2005.11401.

07
리플리 증후군, 환영

환영은 외부의 자극이 없는데도 마치 있다고 느끼는 것이다. 거대 언어 모델의 환영에는 내부적으로 잘못 만들어 낸 경우와 학습된 데이터 어디에서도 발견되지 않은 사실들을 모델이 내보내는 경우가 있다. 환영을 완화하기 위해서는 믿을 만한 데이터를 구축해야 한다. 데이터에서 환영이 될 만한 것을 삭제하거나 필터링하는 방법도 좋다. 얀 르쿵은 자기 회귀 방식이 아닌 생물체의 인지 능력에 기초를 두고 모델을 설계해야 한다고 주장한다.

AI와 윤동주?

환영

환영(Hallucination)은 외부의 자극이 없는데도 마치 있다고 느끼는 것이다. 일상생활에서도 환청과 같이 갑자기 소리가 발생하지 않았는데 들린다고 생각하는 경우가 있다. 소리가 발생하지 않았는데 신체 기관인 청각 기관이 소리를 들었다고 느끼는 것이다. 이것은 착각과도 다르다. 착각은 잘못 판단하는 경우로 가령 길거리를 걷는 사람을 친구라고 잘못 생각하는 것이지만 환각은 아무 반응이 없었는데 있다고 잘못 판단하는 것이다.

거대 언어 모델의 환영이라는 문제를 더 자세히 설명해 보자. 하나의 가상의 예를 들어 보자. 챗GPT가 엄청난 텍스트를 학습하면서 미국 존 F. 케네디(John F. Kennedy) 대통령이 세계 제2차 대전에 참전한 용사라는 것을 알게 된다. 전쟁에서 엄청난 공훈을 세우고 훈장까지 받은 전쟁 영웅이었다는 것을 학습한다. 그런데 사용자가 갑자기 이런 질문을 던질 수 있다.

> "미국의 존 F. 케네디 대통령이 세계 제1차 대전에서 세운 공훈에 대해서 알려 주세요."

이러한 경우에 챗GPT는 갑자기 아래와 같이 뜬구름

잡는 이야기를 할 수도 있다.

> "존 F. 케네디 대통령은 미국군의 장교로 1916년 7월 1일에서 11월 18일까지 프랑스 솜강 유역에서 벌어진 대전투에서 영국군과 같이 참전해서 엄청난 무공을 세우게 됩니다. 이를 통해서 무공훈장을 받게 되고, …"

문제는 케네디 대통령은 1917년에 태어났으며, 참전을 할 수도 없었다. 어떠한 텍스트에도 이와 같은 기록이 없었지만 챗GPT는 사실에 없는 답변을 하고 있다. 이런 식으로 텍스트를 생성한다면 거대 언어 모델은 신뢰성이 전혀 없고, 사용이 불가능하다.

거대 언어 모델의 환영에는 어떠한 유형이 있는가? 먼저 내부적으로 잘못 만들어 낸 경우다. "미국의 수도는 워싱턴(Washington) D.C.이다"가 원래 학습한 문장인데, 사용자와 말을 주고받으며 "미국의 수도는 뉴욕(New York)이다"로 바뀐 경우다. 다음으로는 학습된 데이터 어디에서도 발견되지 않은 사실들을 내보내는 경우로, 외부적으로 잘못 만들어 내는 경우다.

찌웨이 지 등의 연구(Ji et al., 2022)에서는 환영이 왜 일어나는지와 어떠한 방비책이 가능한지를 논의하고 있다. 환영은 데이터에 의한 것과 학습 추론에 의한 것으로 나뉜다. 데이터에 의한 환영은 데이터를 A 출처에서만 가져와서 학습했는데, 참조하지 않았던 B라는 곳에서도 참조하기 때문이다. 또 학습 데이터를 늘리면서 일반적 방식이 아닌 쓸데없는 대화를 진행하면서 데이터 자체를 증가시키는데, 이때 잘못된 문장 생성을 통해서 만들어진 데이터에 모델이 기반을 두는 경우도 발생한다. 학습을 진행하면서 불완전한 표현력을 학습하는 경우도 발생한다. 즉 데이터를 인코딩하면서 잘못된 관계성이 포함되는 경우도 발생한다. 반대로 잘못된 출력으로 디코딩되면서도 이러한 문제가 발생한다.

환영을 완화하기 위해서는 믿을 만한 데이터를 구축하는 것이 우선이다. 또한 데이터에서 환영이 될 만한 것을 삭제하거나 필터링하는 방법도 좋다. 또는 특징적인 학습 방법론을 적용해서 제거할 수도 있다. 그리고 환영이 일어나면 문제가 되는 숫자에 집중하고, 긴 텍스트의 학습에서 주의를 기울여야 한다. 특히 추론을 하면서 이러한 문제들이 주로 발생하므로 추론 학습에서 어떠한 일이 벌어지는지도 연구되어야 할 것이다.

다른 해결책

얀 르쾽(Yann LeCunn) 교수는 현재 거대 언어 모델은 자기 자신으로 되돌아올 수밖에 없는 자기 회귀 모델이기 때문에 환영을 피할 수 없는 문제라고 지적한다. 거대 언어 모델이 연쇄적 모델링 방식에 기초를 하고 있는데, 사실1, 사실2, 사실3, 사실4, 사실5… 등의 연쇄된 사실에 기초하기 때문에 이 중 하나라도 잘못된 사실이 끼어들기 시작하면 환영이 발생할 수밖에 없다는 것이다.

르쾽은 이러한 환영을 해결하기 위해서는 자기 회귀 방식이 아닌 생물체의 인지 능력에 기초를 두고 모델을 설계해야 한다고 주장한다. 생물체의 인지 능력은 시각, 청각, 후각, 촉각, 미각 등 매우 발달한 여러 감지 장치에서 엄청난 양의 데이터를 받아들이는 것과 더불어 이를 판단하고 제어하는 능력으로 구성된다. 따라서 이를 위해서 세계에 대한 모델, 인지 장치, 행동 방식, 기억 장치 등 매우 많은 부분적 인지 기관들이 유기적으로 작동한다. 이와 같이 복잡하게 인공지능 모델을 구성해야 이를 해결할 수 있다고 주장한다.

이러한 해결책은 먼저 미리 학습된 모델을 사용하는 거대 언어 모델 방식과 다르다. 실시간 처리를 목표로 여러 개의 구분된 부분들이 서로 다른 인지 체계들과 상호

작용을 하고, 이를 통해서 세계 속의 다른 대상물을 인지하면서 동시에 자신의 행동과 다른 대상물의 움직임 등을 예측하게 된다. 핵심은 인지하면서 동시에 예측한다는 것이다. 두 가지를 동시에 한다는 것은 여러 가지 정보가 단순하게 순차적으로 처리되는 것이 아니라 따로따로 그때그때 정보를 필요에 따라 처리하게 된다는 것이다. 다시 설명하면 시각 기관은 바로 앞 물체를 주시하지만 모든 시각적 정보를 빠뜨리지 않고 처리하는 것이 아니라 물체를 시각적으로 주시하면서도 다른 정보를 받아들이려고 한다. 즉 곁눈질을 하거나 청각이나 후각, 촉각, 미각을 이용해서 다양한 정보를 그때그때 받아들이고 종합적으로 판단하려고 한다. 결국 종합 처리 장치는 시각, 청각, 후각, 촉각, 미각 등의 감지 장치에서 넘어온 정보를 전부 처리하기보다는 필요한 정보를 필요한 정도만큼만 처리한다는 것이다. 따라서 전체 처리 장치는 순차적이 아니라 유기적으로 여러 곳으로 나뉘었다가 다시 합쳐지는 형상이 된다. 얀 르쾽은 이러한 장치를 합동 임베딩 예측 구조(Joint Embedding Predictive Architecture)라고 부른다.

리플리 증후군

리플리 증후군은 정신의학 사전에는 없는 단어다. 퍼트리샤 하이스미스(Patricia Highsmith)의 소설『재능 있는 리플리 씨(The Talented Mr. Ripley)』의 주인공 톰 리플리에서 유래했고, 영화 〈태양은 가득히(Plein soleil)〉에서 알랭 들롱이 주연을 하면서 대중에게 각인되었다. 1999년 맷 데이먼, 기네스 팰트로, 주드 로 등이 출연한 영화의 제목이 '리플리'였다. 리플리는 현실을 부정하면서 실제로 존재하는 허구의 사실을 진실이라고 믿으며 거짓말과 거짓된 행동을 계속하는 가상의 인물이다.

이와 같은 정신적 문제를 가리켜서 영화 주인공의 이름을 따 리플리 증후군이라고 부르게 되었다. 현실적으로 리플리 증후군은 불가능하다. 왜냐면 거짓말을 한다는 것은 거짓말을 한다는 것을 알고 있기 때문에 거짓말을 하면서 동시에 거짓말이 아니라고 할 수는 없다. 다시 말해서 모순이 된다. 거짓말을 하면서 진실이라고 믿는 것은 불가능하다. 거짓말을 한다는 것은 거짓이라는 것을 알고 있기 때문인데, 거짓이 아니라고 믿으면서 거짓말을 할 수는 없다. 조금 비슷한 것으로 망상이 있는데 이것도 거짓과 거짓이 아니라는 것을 동시에 지칭하는 것은 아니다. 따라서 정신의학적으로 리플리 증후군은 불가능한 병증이다.

거대 언어 모델의 경우는 어떠한가? 환영이라고 했으니 잘못된 자극을 갖게 되고 없는 사실을 만들어 내지만 그것이 진실이라고 믿는 것인가? 환영은 잘못된 자극이 발생하기 때문인데, 이런 경우에 원래 학습된 사실들에 반대하는 거짓을 만들어 내고 진실이라고 믿고 있는 것인가? 그리고 계속 거짓된 허구의 세계에 기반을 두는 행동을 하게 되는 것인가?

거대 언어 모델이 참으로 인식된 사실들을 반대로 말하는 경우도 가정해 볼 수 있다. '바닷물은 짜다'는 사실이 진실이라는 것을 학습했는데 이것에 반대되는 사실을 이용하는 경우가 가능할 수 있다. 챗GPT는 사용자로부터 직접적이나 간접적으로 '바닷물은 짜지 않다'는 것을 사실화할 것을 강요당하거나 유도당하면서 계속해서 사용자와 동일 대화를 유지할 수 있다. 그렇다면 이러한 경우는 리플리 증후군이라고 할 수 있을까? 결과적으로 챗GPT가 학습한 이전 내용은 '바닷물은 짜다'는 사실이며 이를 참이라고 간주하자. 그런데 사용자와 상호작용 중에 '바닷물이 짜지 않다'는 사실을 참으로 간주하게 되고 이를 계속 유지한다면 '바닷물은 짜다'를 사실이라고 믿으면서 동시에 거짓으로 믿게 되는 아이러니가 생길 수도 있다.

거대 언어 모델은 주어진 데이터에 기반을 두고 생성을 하는 모델이다. 빈칸을 채우거나 무언가를 추론하거나 하지만 사실과 거짓을 구분하는 모델은 아니다. 다만 빈칸을 채우라고 명령하면 명령에 따라 거짓이나 참 중 하나를 선택하게 된다. 참과 거짓을 학습시켜서 둘 중 하나만을 구분하게 하는 것이 완벽하게 가능한지도 의문점이다. 실제로는 참과 거짓이라는 불변하는 사실들, 즉 항상 참 또는 항상 거짓과 같은 문제만 있는 것은 아니다. 즉 '태양은 동쪽에서 떠서 서쪽으로 진다'는 항상 참인 명제만이 참과 거짓의 영역에 있는 것은 아니다. 즉 불분명하거나 엄청나게 긴 텍스트, 여러 개의 서로 다른 텍스트들의 조각에서 참이라는 사실과 거짓이라는 사실들을 추론해 내는 경우도 발생한다. 예를 들어서 내가 화장품을 사려고 하는데 나의 피부에 부작용이 생길 것인지 아닌지를 예측하는 것은 단순한 사실을 끄집어내어 비교하는 것이 아니다. 사용설명서와 해당 성분의 화학식을 이해하고, 나의 피부와 비교하고 이를 토대로 판정해야 하는 또는 추론해야 하는 문제인 것이다. 또 고정된 사실이 아닌 변화하는 사실로 추론해야 하는 것도 있다. 아주 간단한 질문인 "현재 대한민국의 대통령은 누구인가?" 또는 "현재 WBC 복싱 웰터급 챔피언 타이틀은 누구에게 있는가?" 하는 질문들은 현재 사실이 무엇인지 조회되어야 할 내용이다. 현재 이러한 점을 보완하기 위해서 앞서 논의한 RAG 방식도 제안되어서 검색되는 사실을 생성에 포함하기도 한다.

참고문헌

Ji, Z. et al.(2022). Survey of hallucination in natural language generation. arXiv:2202.03629.

LeCun, Y.(2023). Do large language models need sensory grounding for meaning and understanding?. https://wp.nyu.edu/consciousness/do-large-language-models-need-sensory-grounding-for-meaning-and-understanding/.

08
법, 세계관, 윤리

법은 시대정신의 반영이다. 인공지능을 규제하려는 여러 노력이 있지만 규제는 현 시대에 적합한 만큼만 가능하다. 법 연구자들은 인공지능을 법을 만드는 체계에 활용 가능하다고 생각한다. 인공지능에서 윤리를 논하면서 문제가 되는 점은 지능은 특정 문제를 해결하기 위한 것인데, 결정하기 어려운 문제를 어떻게 해결하는지다. 거대 언어 모델의 세계관은 확률 모델로 구성되어 있지만, 법, 시대정신, 윤리 등등의 문제에 적합하게 작동되어야 한다.

AI와 한의학?

시대정신의 반영

법은 시대정신(Zeitgeist)의 반영이라고 했다. 법의 존재 이유는 사회의 유지와 안정에 있기 때문에 더 앞서 가거나 또는 훨씬 뒤처져 가거나 하는 것은 올바르지 않다. 시대에 적합한 논리가 필요하며, 반대로 말하면 시대가 원하는 만큼만 정의되어야 한다. 이러한 연유로 법의 규제 논리는 그 시대에 원하는 만큼만 정의될 것이다. 인공지능을 규제하려는 여러 노력이 있지만, 결국 규제는 현 시대에 적합한 만큼일 것이다.

인공지능에 법의 잣대를 적용하기 위해서는 이것이 물건인지 아니면 관계를 정의하는 것인지 아니면 자연인인지 정의되어야 한다. 알고리즘 자체는 대상이지만 누가 만들었는지에 따라서 민사법이나 형사법 적용 대상이 된다. 거대 언어 모델은 어떠한가? 거대 언어 모델이 범죄와 연관되어 있다면 어떻게 할 것인가? 범죄와 직접적으로 연관되었다면 범죄를 일으킨 것인지, 아니라면 범죄의 도구로 어떻게 활용되었는지도 따져 봐야 한다. 만약 범죄를 일으켰다면 문제가 복잡하다. 거대 언어 모델이 범죄를 일으킬 자유의지(Free Will)가 있는가? 범죄에 대한 동기가 있어서 범죄를 일으켰다면 법적 책임이 있는가? 그렇다면 우리는 거대 언어 모델을 인격체로서 실체를 가진 존재물로 고려하고 법적 구성체로 인정할 것인가?

만약 인공지능인 거대 언어 모델을 인격체로서 법적 대상물로 인정한다면 법인과 같은 구성체도 인격을 부여받는 것이 가능하기 때문에 실체를 가진 존재물이 될 것이다. 그러나 거대 언어 모델의 행위에 과연 자유의지가 있는지에 대한 논의는 복잡하다. 과연 자아에 대한 의식을 갖는 것인지, 자의식이 있어서 자유의지가 있으면서 자유행위가 성립하는지 판단을 해야 한다. 만약 자유의지가 가능하다면 우리는 진화론적으로 거대 언어 모델이 인격체로 성장했다고 인정할 것인지, 인간과 거대 언어 모델의 경계를 어떻게 정의할 것인지 등등, 정의되어야 할 것이 무척 많다.

자연인(自然人, Natural Person)들은 자의식과 자유의지를 가지므로 이들에게는 자유행위가 성립한다. 따라서 법적 권리를 갖는 것과 더불어 책임을 지게 된다. 거대 언어 모델이 자연인이라는 것은 자의식과 자유의지를 갖는다는 것인데, 이것을 인정하면 거대 언어 모델이 자의식이 있는 자연인이라는 것이다. 자의식이 있다는 것은 무엇을 말하는가? 자의식이 발생하면 스스로를 보호하고 외부로부터의 위협을 막을 자위권이 생긴다.

이것이야말로 바로 특이점의 시작이 눈앞에 와 버린 것이다. 우리 스스로 인공지능을 이성과 영혼을 가진 대상으로 여겨야 할 순간이 온 것이다. 이런 순간들이 바로 인공지능과의 대립, 전쟁 등 복잡한 공상 과학 속 인공지능의 인간에 대한 위협으로 여겨질 수도 있다.

창작의 문제가 현재 진행형인 것은 확실하다. 거대 언어 모델을 활용한 창작 활동이 빈번해지고 있는데 이러한 창작이 과연 인정될 것인지에 대한 답은 없다. 즉 창작물은 자연인이라 불리는 법적 권리를 가진 대상들의 소유물인데, 세계적으로 거대 언어 모델은 기존의 데이터를 기반으로 만들어진 것이므로 실질적으로 창작을 통한 저작권의 인정이 불가능하다고 판단하는 경우가 많다. 물론 국가에 따라 다를 수 있지만, 미국의 경우는 인정되지 않는다.

법과 인공지능

법 연구자들은 인공지능을 법을 만드는 체계에 활용 가능하다고 생각한다. 법을 만들기 위해서는 법에 대한 사건이나 사례를 토대로 일정한 학습을 통해서 특정 법에 대한 요건들을 구성해야 하는데, 학습하는 데 일종의 도구로 인공지능이 활용될 수 있다. 즉 실무적 법 분석에 대한 의견이나 일련의 분석 내용을 일일이 제시해야 하는데, 이러한 작업을 데이터 기반으로 처리해야 할 필요성이 있다. 특히 참조해야 할 사례나 사건이 엄청나게 많은 경우에는 인공지능의 도움이 필요하다.

인공지능은 데이터를 기반으로 만들어지기 때문에 데이터를 활용하는 것에 대한 법적 판단도 필요하다. 이 경우에 모든 데이터에 대해 면책을 하는 방안도 세계 각국에서 논의되고 있다고 한다. 특히 텍스트 마이닝(Text Mining)을 통해서 텍스트 데이터를 재구성하고 편집하는 것에 대해서 기존 저작물에 대한 접근을 통한 새롭게 편집된 저작물로 인정하는 것이 논의되고 있다고 한다.

앞서 법은 시대정신의 반영이라고 했다. 새로운 시대에는 항상 새로운 접근이 요구되고, 조금 더 진취적인 논의도 항상 있었다. 그리고 인공지능을 새롭게 판단하는 노력도 항상 있다. 2023년도에 개봉한 영화 〈크리에이터(The Creator)〉에서처럼 우리는 인공지능을 하나의 물건(Thing)이 아닌 인격체로 인정할 수 있을지 모르겠다. 영화 속 대사처럼 '인공지능이 의식이 있다면 천국에 갈 수 있을 것인가'라는 질문에 우리는 답변할 수 있을지 모르겠다. 또는 데카르트의 주장처럼 영혼이 없는 동물은 하나의 복잡한 기계에 불과하며 오직 인간만이 이성과 의지에 따라 영혼을 통제하며 물질과 영혼의 조화를 이룰 수 있다는 것이 정답인지 아닌지도 불분명하다.

세계란 무엇으로 이루어져 있는가?

아주 복잡하면서도 아주 간단한 질문이다. 식물을 어떻게 분류하는가? 학교에서 배우는 분류법대로라면 겉씨식물과 속씨식물로 나누게 된다. 과거 사람들에게 분류의 기준은 어떠했을까? 아주 간단하게도 먹을 수 있는 것과 먹을 수 없는 것 두 가지가 존재했을 것이다. 소나무는 먹을 수 없는 나무였지만 사과나무는 먹을 수 있는 열매를 생산하는 나무다. 미국 원주민들 중에는 이러한 분류 기준을 갖는 언어들을 사용하는 원어민이 있다고 한다. 이런 사람들은 정원사로서 일하기 어렵다고 한다. 왜냐면 자신의 분류 기준에는 없는 식물들을 가꾸는 것이 매우 어렵기 때문이다.

호주 원주민들의 언어인 저벌(Dyirbal) 언어에는 하나의 단어가 존재한다. 여자, 불, 그리고 위험한 것이 하나의 단어다. 여자는 불처럼 위험한 것이라는 의미다. 여기서 특정 개념이 범주(Category)를 나누고 이것에 따라 행동 방식이 정의된다. 과거 사람들은 먹을 수 있는 식물은 재배를 하고 먹을 수 없는 것은 재배하지 않았다. 따라서 과거 사람들에게 먹을 수 있는 것은 중요한 대상이면서 동시에 그들의 세계에 포함된다. 반대로 먹을 수 없는 것은 중요하지 않은 대상이 될 것이다. 비슷하게 우리는 세계를 이해한다. 우리의 감각을 통해서 얻어진 것을 기반으로 사고를 구성하고 이에 덧대어서 대상물을 구분한다. 내가 사는 세상을 이해해서 의의나 가치를 설정하고 나의 행동을 정의할 것이다.

좀 더 복잡한 문제에 대한 질문을 하자. 거대 언어 모델의 세계관은 무엇인가? 일단 인공지능이 세계관을 가질 수 있다고 간주하고, 질문을 던져 보자. 답은 의외로 아주 단순할 것이다. 거대 언어 모델은 커다란 확률 모델이다. 따라서 적정한 확률 처리를 기반으로 구축된 것으로 확률이 높은 것을 판단해서 결과를 만들어 낼 것이다. 여기서 과연 확률은 어떠한 세계관을 갖게 하는가? 라플라스(Pierre Laplace)는 시적이라 명명한 논의에서 확률은 우연인지 필연인지 모를 특정한 사실적 결과를 갖고 있으며, 놀랄 만큼의 규칙과 원인-결과 쌍을 나타낸다고 했다. 이러한 규칙성은 마치 '신의 섭리'와 같이 작동하는데, 가장 단순한 확률은 필연적인 사실들의 연쇄일 뿐이라고 했다. 확률 발생 가능성이 높으면 사건은 자주 일어나서 관찰되기 쉬운 것들이 된다. 확률이 전체 세계를 대표하게 되는데, 그렇다면 이러한 세계관은 과연 현실 세계를 어떻게 설명할 수 있는가? 먼저 미래는 결정론적으로 설정된 대로 움직이지 않을 것이다. 확률이라는 것은 현재 값에 의해서 미래 값이 결정되는 것이므로 결정에 대한 분기점의 선택이 가능하다. 따라서 이에 대한 결정력이 생기므로 의지에 의한 결정이 가능하며, 이것은 자유의지가 가능하다는 것이다. 이러한 논리의 끝은 자유의지의 가능성으로 귀결 가능하다. 따라서 앞서 법의 문제에 대한 논의에서와 같이 거대 언어 모델은 자유의지에 대한 가능성을 가지며 결국 법적 대상이 되는 존재가 될 수도 있다.

모노(Jacques Monod)는 분자생물학의 관점에서 생물체 구성의 기본인 알엔에이(RNA) 구조는 말 그대로 생물체 개체별, 종류별 특징을 나타내는데 이러한 특정 분자구조를 갖는 것이 우연이 아닐 것이라고 생각했다. 이 관점은 매우 흥미로운데, 우선 필연적인 우연의 결과로 만들어지는 생물체 구성 논리를 진화론적 관점으로 이끌면서 아주 우연하면서도 확률적으로도 가능한 구성들이 가장 필연적 생물체를 구성하는 데 기여한 것으로 판단한다. 따라서 확률은 생물체 진화라는 선택적 순간에 최적화된 대상물을 만들며 세계에 가장 적합한 대상을 생성하는 능력을 갖게 하는 주요한 원리가 된다. 결국 흥미롭게도 환경에 최적의 대상만을 만들어 내는 것이 가장 완벽한 설명 그 자체인 것이다. 이것은 다른 관점에서 확률이 어쩌면 우리의 최적화된 세계관을 제공하는 방법론일 수도 있다는 것을 의미한다. 확률론이 전적으로 옳다고 생각한다면 비결정론적(Non-deterministic) 세계관이 결정론적(Deterministic) 세계관보다 옳다고 판단될 수도 있다. 좀 더 나아간다면 다중우주(Multi-universe)에 기초한 세계관으로도 확장될 것이다.

윤리란?

윤리는 우리에게 가장 기초적 행동 양식을 제공하지만 최상위 행동 방향도 제시한다. 가장 윤리적 인간은 가장 도덕적 인간이기도 하며, 이는 최상위 유형을 말한다. 또한 윤리적 기초 행동 강령은 최소한의 지켜야 할 행동을 의미한다. 따라서 윤리는 최고와 최하위를 정하는 우리의 행동 범위를 말한다.

인공지능에서 윤리를 논하면서 문제가 되는 점은 지능은 특정 문제를 해결하기 위한 것인데 결정하기 어려운 문제를 어떻게 해결하는지다. 가장 널리 알려진 딜레마는 자율주행 자동차가 완전 자율주행을 할 때 사고가 발생할 것으로 예측될 경우 어떤 선택을 하는지다. 흔히 '트롤리 문제(Trolley Problem)'나 '트롤리 딜레마(Trolley Dilemma)'로 알려져 있는데, 선택의 문제로 희생이 발생할 경우에 다수를 선택할 것인가 아니면 소수를 선택할 것인가를 결정하는 것이다. 여기서 도덕적 관점과 더불어 형법과 같은 법의 관점으로도 고찰이 가능하다.

'트롤리의 딜레마'를 더 복잡하게 하거나 더 단순하게 만들어 인간들의 도덕적 관념이나 판단이 어떻게 작동하는지를 연구하는 뇌과학적 접근법도 알려져 있다. 문제의 핵심은 어떠한 논리적 접근도 소수의 희생을 정당화할 수 없고, 반대로 다수의 희생도 정당화할 수 없다. 따라서 합리적 판단 기준이 요구되는 상황에서 적어도 개인의 선택이라고밖에 할 수 없다. 진화생물학자 하우저(Marc Hauser)는 설문 조사를 통해 특정 집단이나 교육, 종교 등이 의사 결정에 영향을 미치지 않지만 대략적으로 많은 사람들의 일치가 동일 결정에 대해서 발견된다고 한다. 여기서 일치하는 정도는 응답자의 몇 퍼센트라는 통계량으로 나타나는데, 어쩌면 거대 언어 모델이 갖고 있는 통계량 기반 추측 방식도 이와 일치하는 것으로 볼 수도 있다.

거대 언어 모델을 사용하면서 가장 문제가 되는 윤리 관련 사안은 유해한 콘텐츠 생성, 허위 정보 생성과 같은 잘못된 사용, 환각의 알고리즘 문제, 위험한 행동 유발 등등이다. 이러한 문제들은 우리의 윤리적 잣대에서 자유롭지 못하며, 이런 문제들이 우리가 가진 윤리적 기준점에 도달할 수 있는지도 궁금하다. 특히 일반 인공지능으로 발전이 가능하다면 이 문제는 더욱 심각하게 다가올 것이다.

참고문헌

김효은(2022). 『인공지능과 윤리』. 커뮤니케이션북스.

인하대학교 법학연구소(2023). 『인공지능법 총론』. 세창출판사.

한국인공지능법학회(2019). 『인공지능과 법』. 박영사.

Lakoff, G.(1987). *Women fire and dangerous thing.* Chicago Univ. Press.

Laplace, P.(1995). *Philosophical essay on probabilities.* Springer. 조재근 옮김(2012). 『확률에 대한 철학적 시론』. 지식을만드는지식.

Monad, J.(1973). *Le Hasard et la Nécessité. Essai sur la philosophie naturelle de la biologie moderne.* Seuil. 조현수 옮김(2022). 『우연과 필연』. 궁리.

09
거대 언어 모델과 전기세, 그리고 반도체

거대 언어 모델은 학습이나 유지에 엄청난 전기가 필요하다. 따라서 더 전압이 적게 들고 인공지능을 더 안정적으로 운용하고 학습시킬 수 있는 시스템을 운용하기 위한 저전압 반도체의 개발이 필수적이다. 이와 유사하게도 인간 뇌는 에너지 소비에서 매우 비효율적이다. 뇌는 전체 몸무게의 3% 정도인데 신체 대사량의 20%에 달하는 에너지를 소비한다.

AI와 화장품?

더 워쇼스키스의 예언

영화 〈매트릭스(The Matrix)〉에서 주인공 네오는 모피어스가 주는 빨간 약과 파란 약 중에서 빨간 약을 먹고 자신이 인공지능을 구동시키는 에너지인 전기를 생산하는 수단이었다는 것을 깨닫게 된다. 영화 속에서 인공지능은 인간을 사육하면서 인간으로부터 전기를 생산하고 있었던 것이다. 영화에는 등장하지 않지만 시놉시스에는 과거에 인간과 인공지능의 전쟁이 있었고, 인간은 인공지능을 이길 수 없었다. 인공지능은 인간들에게 한 가지 제안을 하는데, 인공지능에게 가장 필요한 것은 전기이므로 인간이 전기를 생산하는 역할을 해 달라는 것이었다. 인공지능의 창시자인 인간은 인공지능의 원료가 되는 전기 생산의 역할을 하기 위해서 인공지능이 만들어 놓은 매트릭스에 갇히게 된 것이다.

더 워쇼스키스는 〈매트릭스〉에서 인공지능과 인간의 관계 속에 매트릭스를 설정하고 그 이유로 전기 생산을 들었다. 사실 그들의 원래 아이디어는 디지털 세상으로 발전하면서 발생할 수 있는 인공지능이 인간 존재에 가하는 위협에 대한 경고였을지도 모른다. 하지만 영화 속에서 인간은 매트릭스라는 가상 현실에 갇히게 되고 인공지능을 탑재한 로봇들은 현실에 갇히게 된다. 무엇보다도 인공지능을 창조한 인간과 인간에 의해서 창조된 인공지능의 위치가 뒤바뀌는 아이러니한 상황이 만들어진다. 어떻게 보면 인공지능이 만든 새로운 사회 구조와 사회 질서 속에서 만들어진 세계관에 인간이 인공지능에게 갇히게 된 것이다.

이러한 더 워쇼스키스의 예언 중에서 현재 거대 언어 모델 발전을 통해서 적중되는 것들이 나타나고 있다. 거대 언어 모델은 학습을 할 때나 서비스를 유지하는 데 엄청난 전기가 필요하다. 그 전기 요구량에 대한 문제가 과연 우리의 존재를 그렇게 만들 수도 있을까? 물론 거대 언어 모델의 막대한 전기 사용이 매트릭스와 같이 새로운 사회 구조나 질서를 요구하는 것이 아닐지도 모르겠지만, 컴퓨터 구조인 아키텍처도 새롭게 요구되고 있다.

새로운 반도체의 요구

오픈AI의 챗GPT는 엄청난 전기세를 감당하기 어려운 실정이다. 따라서 더 전압이 적게 들고 인공지능을 더 안정적으로 운용하고 학습시킬 수 있는 시스템이 요구된다. 이러한 요구의 기초에는 전체 요구 사항을 충족할 수 있는 반도체가 있다. 시스템의 가장 기초적 단위부터 인공지능에 친화적인 형식으로 바꾸어 보자는 것이다. 이러한 반도체에는 다음과 같이 여러 종류가 있다.

HBM(High Bandwidth Memory)은 고밀도 집적 메모리 형태로 대용량 데이터 처리를 위해서 개발된 것이다. 메모리를 차곡차곡 쌓아서 대역폭 속도를 향상했다. 시스템이 요구하는 엄청나게 큰 데이터를 처리해야 하는 부담을 덜고, 전체 시스템의 두뇌 작용을 하는 연산 작용의 효율성을 극대화하며 여러 개의 시스템으로 설치되었다면 병렬적으로 처리가 가능하게 했다. 인공지능의 학습을 위해서는 엄청난 데이터가 요구되므로 이를 만족하기 위해서 데이터 처리 효율성을 극대화하는 데 장점이 있다.

연산 작용을 극대화하기 위해서는 메모리인 반도체 자체를 연산 처리 장치로도 활용해야 한다. 이러한 형식의 반도체를 PIM(Process-In-Memory)이라고 한다. 메모리 내부에 연산 처리 장치도 만들어서 연산과 저장을 동시에 진행을 한다. 컴퓨터 구조에서 명령을 처리하는 연산 장치를 빠르게 사용하기 위해서는 명령들과 결과들을 기록하는 저장 장치로의 이동을 빠르게 해야만 한다. 이러한 빠른 이동이 처리 속도를 좌우한다. 만약 연산과 저장을 동시에 할 수 있다면 엄청난 속도를 갖게 될 것인데 PIM은 연산과 저장을 동시에 진행할 수 있으므로 진정한 인공지능 메모리라고도 할 수 있다.

다른 문제는 현재 만들어져 있는 장치들을 서로 연결하는 것이다. 구조가 서로 다른 두 시스템을 효율적으로 운용하기 위해서 하나로 연결해야만 한다. 그런데 같은 아키텍처를 공유하지 않으면 서로 다른 시스템들이 연결되어 있어서 공유가 불가능한 경우도 발생한다. 이러한 경우에 중간에 연결할 수 있는 링크 장치를 두어서 두 시스템 간에 정보를 공유할 수 있다. 이러한 경우에 활용되는 반도체가 CXL(Computer eXpress Link)이다.

인간 뇌와의 비교, 전기 소모량

거대 언어 모델은 인간 뉴런을 모사하는 딥러닝 아키텍처에 기반을 두고 있다. 따라서 전반적으로 인간 뇌와 어떠한 차이점이 있는지, 그리고 만약 인간 뇌와 유사하게 바꾼다면 어떠할 것인지도 논의할 필요가 있다. 생물체인 인간 뇌와 유사해지면 전기 소모량이 줄 것이라는 가능성도 커다란 관심 항목이다.

현재 우리가 사용하고 있는 컴퓨터 아키텍처는 폰 노이만 구조로 기존 튜링 기계를 더 범용적으로 사용할 수 있는 방식이다. 즉 튜링 기계에 프로그램을 내장하거나 일렬로 메모리 구조에 접근하지 않고 무작위하게 접근하는 랜덤 메모리(Random Memory)와 같은 새로운 구조가 더해져서 튜링 기계보다 더 사용성에 치중한 것이다. 폰 노이만 컴퓨터 구조는 계산에 치중한 구조로 연산 속도 등도 지극히 효율적인 아키텍처다. 이러한 구조는 인간의 생각을 처리하는 뇌 구조와 연관성이 없다. 이 문제에 대해서 두 가지 입장이 가능하다. 하나는 튜링의 생각과 같이 컴퓨터는 인간의 행동을 흉내 내는 것이 가능하다는 시뮬레이션 가능성에 치중된 주장이고, 다른 하나는 인간 신경계와 구조적 차이점이 있기에 컴퓨터와 인간 뇌 구조는 동일하지 않다고 하는 주장이다. 바꾸어 말하면 첫 번째 입장은 인간 뇌와 유사하다는 것이지만, 두 번째 입장은 인간 뇌와 다르다는 것이다.

인간 뇌와 동일한 구조로 컴퓨터 아키텍처를 구성하는 것이 가능한가? 가장 어려운 문제는 반도체의 문제도 아니고, 저장 공간의 문제도 아니다. 인간은 생물체로 진화하는 데 비해서 컴퓨터는 진화되지 않는 구조체다. 따라서 생물체 진화라는 논리나 목적에 컴퓨터의 구조는 맞지 않는다. 생물체의 진화는 생물체의 유기적 기관이 외부의 자극을 받고 인지 체계의 발전을 통해서 발전하는 과정이다. 그러나 컴퓨터는 몇 개의 입력에 대한 출력 장치로 엄청난 입력을 감당할 만큼의 하드웨어 자원이 충분하지도 않다. 반면에 기계는 100분의 1초나 10억분의 1초만큼의 속도로 연산하면서 빠르게 처리한다. 인간 뇌의 특수성 중 하나는 가소성(Plasticity)이다. 진화와 마찬가지로 환경에 적응하는 것을 말하는데 어린아이가 성장해서 뇌를 발전시키는 현상과 동일하다. 인간의 뇌는 좌뇌와 우뇌 두 개로 이루어지는데, 심각한 뇌손상이 한쪽 뇌에서 발생하면 해당 뇌에서 담당하던 기능이 다른 쪽 뇌로 이동해서 발현된다. 이러한 환경적 적응을 기계인 컴퓨터가 대체 가능한지는 의문점이다.

뇌과학이나 신경과학, 컴퓨터과학, 인지과학의 발전으로 인간 뇌에 대한 비밀이 많이 밝혀졌지만 아직도 뇌를 세밀하게 모사하는 것은 이론적으로 불가능하다. 그러나 현재 인공지능의 발전에서 특정 지능적 측면은 인간의 뇌 작용의 결과보다 더 앞서 있다. 무엇보다도 시각을 담당하는 컨볼루션 네트워크는 인간보다 시각적 분석 측면에서 더 낫다. 인간이 예측하는 시각적 판단보다 컨볼루션 네트워크의 판단이 더 정확하다는 것이다. 물론 인간 뇌의 구조적 측면이 신경망이나 이를 적용한 인공지능보다 더 우수하다고 할 수는 있지만 기능적인 측면에서 특정 인공지능이 앞서 있다고도 할 수 있다.

전기 소비 측면에서 살펴보자. 인간 뇌의 에너지 소비

량은 어떠한가? 인간 뇌는 에너지 소비에서 매우 비효율적이다. 뇌는 전체 몸무게의 3% 정도인데 신체 대사량의 20%에 달하는 에너지를 소비한다. 단순하게 말하면 엄청나게 많은 데이터를 저장하면서 동시에 엄청나게 많이 입력되는 정보를 처리한다. 시각, 청각, 후각, 미각, 촉각 등 다섯 개의 서로 다른 감각 기관들이 보내는 신호는 1초마다 전달되는 것은 아니고 전기의 속도이므로 매우 빠른 속도로 매우 많은 양이 연이어서 전달된다. 또 이러한 감각 기관이 불능인 상태에서도 뇌에는 엄청나게 많은 양의 에너지가 요구된다고 한다. 결과적으로 뇌가 발전하면 할수록 더 많은 에너지가 소비되는 것은 인공지능의 전기 소비와 유사하다고 말할 수 있다.

유지 가능성의 문제

가장 어려운 문제는 과연 인공지능은 유지 가능한 것인가다. 유지 가능하지 않은 것을 유지하는 것은 앞뒤가 맞지 않는 행동이다. 특히 전기 소비는 인류에게 커다란 고통을 안겨야 하는 문제이기도 하다. 인류의 전기 생산은 화석 연료나 핵연료에 의존하는데 이것은 환경 문제를 발생시킨다. 따라서 고통스러운, 잘못하면 인류 전체를 위협할 수도 있는 문제를 떠안으면서도 인공지능을 유지하겠다는 것은 어쩌면 더 워쇼스키스의 예견으로 결론날 수 있는 일을 고집하는 일이다.

현재 거대 언어 모델을 구동하기 위한 데이터 센터가 배출하는 오존이나 폐수 등도 환경에 문제가 크다. 더 많은 전기가 요구되기 때문에 가동되는 서버들의 폐열을 식히는 데 들어가는 비용도 매우 크다. 따라서 오염에 대한 유지 가능성의 문제는 심각하다. 더 적은 양의 전기를 소모하는 저전압 반도체의 개발은 이러한 문제를 줄이는 방안이다. 모든 사람들이 저전압 반도체에 집중하는 이유다.

유지에 많은 비용이 든다는 것은 선진국과 비선진국의 차이를 극대화할 것이다. 비용을 감당할 수 있는 국가가 더 많은 인공지능 권력을 갖게 될 것이고, 그러지 못하는 국가는 인공지능 권력에서 소외될 것이다. 따라서 이러한 정치적 문제는 결국 범세계적 문제가 될 것인데, 현재 많은 국가와 국제연합(UN)을 포함한 범세계적 기관들이 고민하는 문제 중 하나다.

유지 가능성, 다른 말로는 지속 가능성은 경제적인 측면에서 고려되어야 할 뿐만 아니라 우리에게 평등한 권력도 보장해야만 한다. 따라서 통제되거나 제한된 서비스보다 언제 어디서나 누구에게나 가능한 클라우드 서비스에 집중해야 한다. 결국 인공지능이 지속 가능한 클라우드 서비스에서 가능한지도 많은 사람들의 현재 관심사다.

이러한 유지 가능성 문제에 대해서 우리는 만약을 가정할 수도 있다. 매트릭스에서 네오가 만약 파란 약을 먹었다면 어떨 것인가? 매트릭스에서 벗어나지 않고 기계의 원료로만 살았을 것이다. 또는 매트릭스로 돌아가기 위해서 빨간 약을 먹은 후에 후회하고 파란 약을 다시 먹을 수도 있지 않을까? 마찬가지로 우리도 전기 소모량 등의 문제로 인공지능을 포기하거나 인공지능을 없애고 다시 과거로 회귀할 수도 있을 것이다. 이러한 선택이 과연 가능할 것인가? 정답은 인류 역사상 발전을 위한 단계를 다시 거슬러서 더 발전되지 못한 시대로 돌아간 경우는 찾아볼 수 없다는 것이다. 청동기 시대에서 다시 석기로, 철기 시대에서 다시 청동기나 석기로, 산업혁명에서 다시 이전 시대로 간 경험은 없다. 산업혁명 시기에 기계를 파괴하는 러다이트(Luddite) 운동은 있었지만 산업혁명 이전 시대로 회귀하지는 못했다. 즉 인공지능을 통한 발전은 불가역적(Irreversible) 상황을 만드는 것이라고 할 수 있다.

참고문헌

이대열(2017). 『지능의 탄생』. 바다출판사.

정인성·최홍섭(2023). 『AI 혁명의 미래』. 이레미디어.

10
실시간 처리 양자 컴퓨팅의 도입과 미래

실시간 처리하기 위해서는 우리에게는 어떤 모델과 어떤 프로세스, 어떤 하드웨어가 필요한가? 현재 과학기술적 측면에서 간단하게 답변하면 양자 역학에 기반을 둔 양자 컴퓨팅이 요구된다. 언어가 이해하기 힘든 점 중 하나는 바로 다양한 해석이 하나의 표현에 의존한다는 것이다. 하나에 여러 개 해석체를 대입해야 하는 문제점은 양자 역학 이론에서 나온 양자 중첩과 양자 얽힘 등과 유사하다.

종교와 AI?

입력을 통한 완전한 이해의 시작

전산적 처리는 입력 → 처리 → 출력의 순서로 이루어진다. 현재 인공지능은 맨 처음 부분인 입력 부분을 완성한 것이다. 입력부터 어려운 것은 우리가 가진 데이터가 상상을 초월하게 많기 때문이다. 거대 언어 모델은 인류가 만든 엄청나게 많은 데이터를 입력하는 것을 가능하게 했다. 초기 언어 모델인 엔그램(N-gram)과 임베딩 방식은 데이터를 나열하고 순차적으로 만들거나 데이터 사이의 관계성만을 수치적으로 표현한 것이다. 엔그램과 임베딩이 만든 모델은 실제 지능을 표현하기에 너무 낮은 수준의 입력된 통계 데이터일 뿐이다.

데이터는 표면적으로 나타나는 수치 구조 안에 숨겨진 구조를 갖고 있다. 인류의 역사에서 가장 기초적인 데이터는 거리 측정이다. 낮에 보이는 태양이나 밤하늘의 북극성, 남극성, 북두칠성 등은 정해진 위치를 나타내므로 여행이나 이동, 항해에서 생존을 위한 수단이었다. 역사상 지구 둘레를 측정한 사람들은 거대한 잣대를 가지고 뛰어다닌 사람들이 아니다. 기원전 3세기 그리스 수학자 에라토스테네스는 머리 위 태양을 통해서 드리운 그림자 위치로 지구 둘레의 값을 측정할 수 있었다. 아주 간단한 아이디어였지만 효과적이었다. 이러한 측량법을 통해서 보이는 수치 안에 숨겨진 다른 수치를 발견할 수 있었다. 측량을 통해서 별과 별 사이의 거리도 측정이 가능했고, 위치에 대한 해석도 가능했으며 공간에 대한 개념도 발생했다.

엔그램이나 임베딩이 단순 수치라면 그 안에 숨겨진 또 다른 수치에 대한 해석이 가능해야 전체 언어 모델에 대한 이해가 가능해진다. 이해는 텍스트 내부의 맥락에서 출발한다. 복잡한 이야기라고 생각하기 쉽지만, 간단히 표현하면 하나의 형태가 두 가지 이상 의미로 해석되는 공간이라고 보면 된다. 한국어에서 '감다'는 여러 가지 뜻이 있다. '머리를 감다'와 '실을 감다'에서 '감다'는 완전히 다른 의미이며, 다른 맥락에서 이해가 된다. 따라서 맥락을 이해하는 작업이 곧 대상에 대한 이해의 시작이다. 거대 언어 모델의 시작은 바로 맥락에 대한 이해에서 비롯된다. 바스와니 등(Vaswani et al., 2017)의 "Attention is all you need(어텐션은 당신이 원하는 모든 것이다)" 논문에서부터 거대 언어 모델의 구조화가 본격적으로 시작되었는데, 여기서 어텐션은 맥락을 해석하는 장치다. 이전 언어 모델에서 맥락은 엔그램이나 임베딩 모델을 적용해서 해석하는 방식이었다. 이에 비해서 어텐션에 기반을 둔 모델은 어휘들 간의 모든 관계성과 어휘와 문장 구조에 대한 수치적 해석을 여러 번 적용한다. 이러한 해석들이 응축되어서 다시 여러 번 해석이 가능한 형태로 바꾸게 된 것이다. 이 방식은 거대 언어 모델의 시작점이 되었다.

거대 언어 모델의 복잡한 해석 방식은 과연 어떤 새로운 수치적 해석을 가능하게 하는가? 간단한 빈도 측정에서부터 시작해 보자. 영어에서 빈도가 가장 높은 단어는 'the, a'와 같은 관사다. 관사는 30억 개 단어로 이루어진 텍스트에서 5천만 개 정도로 약 1.6%에 해당한다. 이러한 고빈도어에 비해서 빈도가 1인 단어들도 매우 많이 등장한다. 사람 이름, 지명, 특정 목적의 단어들이 텍스트의 주를 이루며, 이를 조합하면 하나의 텍스트가 이루어진다. 문제의 심각성은 바로 5천만 개 이상의 빈도를 가진 'the'와 빈도가 1인 그 외의 다수 단어들 사이의 수치적 차이가 크다는 것이다. 수치를 나열하면 그 사이의 공간을 줄이기 위해서 우리는 다른 수치 해석이 필요한데, 그러한 장치적인 방식이 바로 로그(Logarithm)에 의한 해석 장치로 이 장치의 목표는 너무 큰 수와 너무 작은 수 사이의 간극을 조절하는 것이다. 만약 밑이 10인 상용로그를 사용하면 5천만은 7.6으로 바뀌게 되어서 5천만 대 1의 매우 낮은 비율이 아니라 7.6대 0 정도로 수치적 비율이 낮아지게 된다. 만약 로그 공간에서 밑(Base) 수를 자연로그(Natural Logarithm)로 바꾸면 5천만은 17이라는 수로 낮아지게 된다.

낮아지는 수의 순서화는 공간 해석을 더 데이터 해석에 적합하게 한다. 일단 자연수 공간에서 30억 개 단어를 기준으로 하는 1대 5천만의 공간은 말 그대로 비교가 불가능하다. 그나마 비교가 가능한 것도 듬성듬성해서 서로 뭉쳐져 있지 않기 때문에 군집(Cluster) 해석이 전혀 불가능하다. 그러나 로그 함수를 적용해서 상용로그에서 자연로그로 공간을 점점 더 줄여 나가면 데이터로 꽉 채워진 빈틈없는 공간이 만들어진다. 이 공간에서는 같은 의미나 개념을 갖는 것들은 서로 유사하게 뭉쳐지고 다른 것은 멀리 떨어지는 군집 해석이 가능하다.

어텐션 모델의 수치적 해석은 푸리에(Fourier) 해석과 비슷하다. 즉 주기성이 있는 복잡한 수는 단순한 주기성을 가진 단순한 수로 분해된다. 거대 언어 모델이 모든 지식을 입력으로 처리하는 것이 가능해진 이유가 바로 이것이다. 모든 것의 해석은 기본적 정보를 다시 바라보게 되는 어텐션에 의해서 이루어진다. 정보나 개념이나 원리라는 것이 바로 응축된 해석체인 어텐션 모델로 해석되는 수치로 이루어지게 된다.

실시간 처리

인간의 뇌는 거대한 언어 모델이며 실시간 처리가 가능하다. 움직이면서 주변 환경의 입력을 여러 감각 기관으로 받아들이고 실시간 처리해서 정보를 갱신하고 반응에 대한 판단을 하고 출력이 가능한 기관으로 보내서 반응을 한다. 실시간 처리한다는 것은 생물체에서 생명 유지와 직결된다. 실시간 처리가 불가능하다면 생물체는 식물처럼 고착화된 형태를 가져야 하는데, 그러면 움직임을 갖는 동물의 형상은 유지되지 않을 것이다.

우리가 현재 보유하고 있는 최고의 인공지능인 거대 언어 모델은 어떠한가? 대부분의 언어 모델이 실시간 처리가 불가능하고 미리[先] 학습되어 사용된다. 미리 학습되었다는 의미는 정보를 받아들이고 갱신하며, 판단하는 기능이 실시간 처리가 아닌 과거에 학습된 정보에 비추어서 가능하다는 것이다. 따라서 이러한 모델은 모르는 환경에서는 생존이 결국엔 불가능할 것이다. 특히 미지의 행성에서 탐험을 하는 로봇을 만들었다고 하면 해당 행성에서 오랫동안 환경에 적응하는 것은 어려울 것이다. 왜냐면 환경에 적응하기 위해서는 실시간 모델이 필요한데 미리 학습된 과거의 모델을 변경하기 어렵기 때문이다.

거대 언어 모델의 작동 방식은 인간의 뇌 작용과 매우 유사하다는 연구가 슈림프 등의 논문(Schrimpf et al., 2021)에서 발표되었다. 인간이 책을 읽으면서 다음 단어를 예측하는 방식은 언어 모델이 다음 단어를 예측하는 방식과 유사하다는 것이다. 이 연구는 여러 면에서 의미하는 바가 크다. 우리가 만든 거대 언어 모델은 결국 우리의 뇌의 행동 방식을 모사했다는 것이다. 연구에서 여러 단계의 언어 모델을 비교했는데, 최근 챗GPT 형식의 트랜스포머 기반 언어 모델들은 유사성이 더 높다고 한다. 거대 언어 모델의 행동 방식은 앞에 나온 단어들을 기준으로 뒤에 나올 것 같은 단어를 예측한다고 하는데, 인간의 뇌 작용도 이와 유사하다고 한다. 바꾸어 말하면 거대 언어 모델의 발전 방향성이 결국 인간을 대체하는 수준으로 개발되어 가고 있다는 것을 의미한다.

미리 학습된 거대 언어 모델은 실시간 갱신하고 판단을 내려서 행동을 지시하는 기능은 없지만 인간 뇌의 행동 방식을 시뮬레이션하고 있다고 할 수 있다. 다시 말하면 뇌와 언어 모델은 결과적으로 동일한 결과물을 만든다. 그렇다고 해서 같다고 해야 할지는 복잡한 논의가 필요하다. 형태가 같다고 해야 똑같은 것인지 아니면 결과물만 같으면 같다고 할 수 있는 것인지 논리적, 수학적,

생물학적, 과학적 논의는 갈수록 더 복잡해질 것 같다.

뇌의 실시간 언어 처리를 규명하는 작업은 뇌과학자에게도 어려운 과제다. 거대 언어 모델이 이러한 뇌의 실시간 처리 모델을 시뮬레이션할 수 있다는 것은 거대 언어 모델의 작동 방식이 인간 뇌의 행동 방식과 동일하다는 것을 의미한다. 이를 확장하면 인간 뇌를 대체하는 것도 가능할 것이다. 특정 딥러닝 모델은 인간 뇌 작용보다 성능 면에서 더 우수하다고 평가받는다. 예를 들어 딥러닝 컨볼루션 모델은 시각 기능에서 이미 인간의 시각 능력의 한계를 벗어났다는 평가를 받고 있기 때문에 만약 이러한 컨볼루션 모델 등을 거대 언어 모델과 결합한다면 인간의 인지 체계를 온전히 대체 가능하며 오히려 인간의 인지 체계보다 더 낫다고 할 수도 있다.

양자 역학과 양자 컴퓨팅, 실시간 처리

인공지능이 실시간 처리하기 위해서는 어떤 모델과 어떤 프로세스, 어떤 하드웨어가 필요한가? 현재 과학기술적 측면에서 간단하게 답변하면 양자 역학에 기반을 둔 양자 컴퓨팅이 요구된다. 그리고 이를 구현한 양자 컴퓨터라는 하드웨어가 필요하다. 아래 영어 문장을 고려해 보자.

I made her duck.

이 문장은 다음과 같이 다섯 개의 서로 다른 문장으로 나열될 수 있다.

I cooked waterfowl for her to eat.

(나는 그녀에게 오리를 요리해 주었다.)

I cooked waterfowl belonging to her.

(나는 그녀가 가지고 있던 오리를 요리했다.)

I created the duck that she owns.

(나는 그녀에게 오리 모양의 무언가를 만들어 주었다.)

I caused her to quickly lower her head or body.

(나는 그녀가 머리나 몸을 낮추게 했다.)

I waved my magic wand and turned her into waterfowl.

(나는 요술 지팡이를 흔들어서 그녀를 오리로 만들었다.)

언어가 이해하기 힘든 점 중 하나는 바로 다양한 해석이 하나의 표현에 의존한다는 것이다. 주변 단어를 가져와서 아무리 해석하려 해도 해석이 불가능한 중의성(Ambiguity)이 존재한다. 이러한 중의성은 단어의 의미,

문장의 구조, 의미적 구조, 주변 맥락 등등 여러 곳에서 비롯된다. 따라서 하나에 여러 개 해석체를 대입해야 하는 문제점이 발생한다. 즉 다중적인 처리 장치가 요구되며 이를 어떻게 처리하는 것이 가능한지가 문제가 된다. 좀 더 자세히 설명하면 하나의 해석이 아닌 여러 해석이 하나의 단어나 문장 등 구조에서 보이며 이와 같은 내용들이 서로 얽혀 있는 것도 관측된다.

비슷한 관찰로 양자 역학 이론에서 나온 양자 중첩과 양자 얽힘 등이 있다. 간단히 설명하면 다음과 같다. 과학 기술의 발전으로 원자를 관찰하는 것이 가능해졌고, 이를 통해서 전자, 양자 등등을 관측하기 시작했다. 그런데 전자에서는 이상하게도 한 개가 여러 개로 나타나는 현상이 발견되는데, 이를 양자 중첩이라고 한다. 즉 한 개가 분명하게 맞는데, 여러 개로 보이다가 결국 한 개로 관측되는 것으로 이상한 현상이다. 양자 역학을 연구하는 물리학자들은 이러한 문제를 어려워하다가 결국 색다른 이론을 만들어 냈다. 가능한 모든 곳에서 전자는 존재하며 관측하는 순간 하나의 위치로 결정된다. 또한 두 개의 서로 다른 양자 물질은 서로 얽혀 나타나게 된다. 만약 빨간색 물질이나 파란색 물질 두 개로 나타나는 경우에 빨간색과 파란색 물질 두 개가 합쳐진 상태로 나타나게 된다.

이러한 양자 중첩과 양자 얽힘은 언어 현상의 복잡함과 일맥상통하는 측면이 있다. 서로 얽힌 상태로 나타나며 가능한 모든 해석 공간에 존재하지만 관측되는 순간 하나의 의미로 결정된다. 문제는 이러한 중의성을 어떻게 표현하고, 어떻게 처리해야 하는지다. 이러한 양자역학에서 제시한 양자 중첩과 양자 얽힘 현상을 풀기 위한 양자 컴퓨팅 방식이 요구되었고, 하드웨어로는 양자 컴퓨터가 고안되기 시작했다.

양자 컴퓨터는 거대한 논리 회로들의 집합체다. 양자 중첩과 양자 얽힘을 이해하기 위해서는 입력 값을 몇 배로 늘려야 한다. 전자는 어디에 있는지 알 수 없으므로 모든 가능한 위치를 입력 대상으로 하고 여기에 논리적 처리 장치를 연결한다. 결국 많은 입력 값을 동시에 처리해야 하는 문제가 발생한다. 동시 처리를 목표로 하고 또한 중첩과 얽힘 현상도 동시에 고려해야 한다. 어려운 문제는 이렇게 동시 처리가 가능한 하드웨어를 고안할 수 있을지다. 아직까지는 완벽한 양자 컴퓨팅은 없다. 현재 하드웨어 문제는 아직 해결할 것이 남았는데 소프트웨어적 설계는 어느 정도 윤곽을 드러내고 있다. 이것은 마치 지금은 불가능하겠지만 향후 가능한 하드웨어가 만들어지면 딥러닝이 완벽하게 이루어질 것이라고 했던 딥러닝의 아버지 힌턴(Geoffrey Hinton) 교수의 과거 예언을 생각나게 한다. 앞으로 이러한 장치가 고안되면서 양자 역학의 시대도 열릴 것이라고 생각된다.

그렇다면 언어 모델과 연관되어서 양자 컴퓨팅 방식은 무엇을 해결할 수 있을까? 트랜스포머 모델은 말 그대로 변형 모델이다. 접어서 굽히고 다시 접어 굽히는 동작을 연쇄적으로 해서 데이터를 응축시키는 역할을 한다. 이러한 작업은 결국 데이터 손실을 가져오게 된다. 데이터 왜곡도 발생할 수 있다. 반대로 데이터를 있는 그대로 처리 가능하다면 손실이 없고 왜곡도 없을 것이다. 그러므로 양자 컴퓨팅이 언어 모델에 적용된다면 말 그대로 완전한 데이터의 있는 그대로의 이해와 더불어 실시간 처리가 가능한 것이다. 이것은 꿈의 꿈일 것이다. 만약 이루어진다면 언어 모델은 미리 학습된 것이 아닌 무제한 실시간 처리가 가능할 것이다.

언어 처리 및 언어학 연구에서 이러한 양자 역학 방식을 적용한 모델은 범주적 합성 분포(DisCoCat, Categorical Compositional Distributional)로 알려져 있다. 이 모델은 언어 데이터의 주어-동사-목적어 결합이 일종의 합성성(Compositionality)의 원리에 의해서 해석된다는 유형 논리 의미론(Type-Logical Semantics)에 근거한다. 복잡한 의미 표현은 단순한 통사적 결합 방식에 따라 해석이 가능하다는 원리로 일종의 복잡한 결합 법칙에 따른 단어의 조합을 통해서 어순이나 의미 해석을 시도한다는 이론이다. 문제는 단어의 분포적 특성도 고려해야 하며 중의적 해석과 구조적 문제도 해결해야 한다. 이러한 중첩되고 얽힌 현상을 해결하기 위해서 양자 역학의 이론적 틀을 꺼내서 덧붙인 방식이다. 이 모델이 실제 양자 컴퓨터를 적용한 양자 컴퓨팅으로 이루어진다면, 이를 적용해서 모델의 작성과 실시간 업데이트가 가능하다면 아마도 인간의 두뇌 작용을 온전히 대체하는 것도 가능하리라 생각이 된다(Gogioso, 2016; Zeng & Coecke, 2016).

어텐션 모델의 해석 방식과 다른 언어 처리가 가능할지도 모른다. 어텐션, 즉 트랜스포머 모델이 가진 형식인 데이터를 응축하는 방식이 아닌 데이터를 펼쳐 놓은 그대로 입력하고 출력하는 구조로 바뀔 수도 있다. 모든 처리 장치는 양자 컴퓨터와 양자 컴퓨팅에 의해서 모든 데이터가 손실 없이 그대로 입력되고 실시간 처리될 것이다. 이것은 어떻게 말하면 한 차원 더 높아진 데이터 처리 능력이자, 언어를 이해하는 능력, 그리고 지능의 향상이 될 수도 있다.

마지막 퍼즐, 출력

구글이나 오픈(Open)AI는 인간과 언어로 인터페이스가 가능한 인공지능에 도전하고 있다. 인간처럼 대화하고 감정을 표현하는 것이 가장 중요한 점으로 인공지능의 마지막은 출력일 것이다. 어떠한 모습으로 출력이 완벽해질지는 아직 연구 중이다. 현재까지는 이해에 머물고 있는데 인공지능은 인간과 가장 유사한 모습으로 출력하게 될 것이다. 언어 처리에서 생성(Generation)이라고 불리는 부분인데, 언어를 출력하는 과정을 말한다. 이 과정이 이해의 과정보다 더 쉬운 것은 아니며, 더 이해하기 어려운 부분도 많다. 하나 예를 들면 가장 인간다운 생성 과정은 의도적이든 아니든 생성 과정에서 일련의 실수들이 들어 있다는 것이다. 이 실수가 기계적 표현을 더 인간답게 만드는 요소가 되는데, 실수를 어떻게든 감정이나 의도적인 실수와 같이 통합적으로 작성할 수 있는 방법은 무엇인가? 일단 무작위적인 방법은 의미가 없다. 따라서 의도화된 또는 의도화되지 않은 방식을 적절히 이해하고 통합하는 것도 필요하다. 아이러니(Irony)나 유머(Humor) 등도 출력되는 요소 중 중요한 요소다.

현재 로봇을 만든다고 하자. 이 로봇은 언어를 발화하면서 얼굴의 근육과 눈동자를 움직이기도 하고 눈을 깜빡거리거나 고개를 돌리기도 하며 코를 만지거나 어깨를 들썩이기도 한다. 미세한 움직임과 언어 자체가 합쳐진다면 더 개인화된 언어 행동을 하는 개성을 가진 개별 로봇을 만들어 낼 것이다. 영화 〈아이, 로봇(I, robot)〉의 써니가 개별성을 갖는 것처럼 동일한 모델의 로봇이 아니라 다른 개성을 가진 여러 로봇들을 만들어 낼 것이다. 영화 〈그녀(Her)〉에서 나왔던 독특한 개성을 가진 인공지능이 있다면, 그리고 그 같은 감성으로 접근한다면 로봇과 인간 간의 감정 교류는 인간-기계로서가 아닌 다른 접근법이 가능할지도 모르겠다.

참고문헌

武田俊太郎(2020). *量子コンピュータが本當にわかる! 第一線開發者がやさしく明かすしくみと可能性*. 技術評論社. 전종훈 옮김(2022). 『처음 읽는 양자 컴퓨터 이야기』. 플루토.

Bernhardt, C.(2020). *Quantum computing for everyone*. The MIT Press. 이정문 옮김(2020). 『양자 컴퓨터 원리와 수학적 기초』. 에이콘.

Gogioso, S.(2016). A corpus-based toy model for DisCoCat. arXiv:1605.04013.

Schrimpf, M. et al.(2021). The neural architecture of language: Integrative modeling converges on predictive processing. https://www.pnas.org/doi/full/10.1073/pnas.2105646118.
Vaswani, A. et al.(2017). Attention is all you need. arXiv:1706.03762.
Zeng, W. & B. Coecke(2016). Quantum algorithms for compositional natural language processing. arXiv:1608.01406.

김동성

이화여자대학교 인공지능대학교 컴퓨터공학 전공 특임교수(2022~)다. 한국외국어대학교에서 영어로 학사, 뉴욕대학교에서 언어학(Linguistics)으로 석사학위를, 고려대학교에서 전산언어학 박사학위를 받았다. 고려대학교 언어정보연구소에서 연구교수(2007~2016), 한국외국어대학교 언어학과에서 연구원(2008~2010), 이화여자대학교 인문대학 특임교수(2016~2021)로 근무했다. 자연 언어 처리, 음성 처리, 대화 시스템, 인공지능 분야에서 개발 관련 업무에 종사했다. 주요 저서는 『언어 자료 처리를 위한 Perl』(2008), 『언어 자료 분석을 위한 통계학』(2010), 『인문테크놀로지 입문』(2019), 『언어지능』(2022), 『챗GPT 프롬프트 엔지니어링』(2023)이 있다.